KB150375

참선 요가

참선 요가

정경 스님 지음

참선요가 - 비디오 판매 안내 -

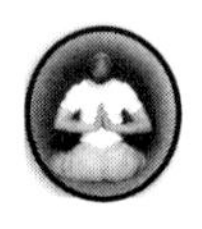

'비디오 프로그램'은
한 동작 한 동작 시간과 자세를
누구나 그대로 따라 할 수 있도록
설명과 함께 알기 쉽게 편집되었습니다.

서문

지난해 가을, 결제 준비 겸 나왔다가 잠시 부산 관음사에서 십 수년 만에 만난 스님이 있다. 지리산 칠불선원에서 여섯 철이나 함께 지냈으니 고운 정, 미운 정이 다 들은 사이다. 스님의 애정어린 충고로 그때마다 스스로를 성찰할 수 있었고 그 고마움을 되새기며 오랜 회포를 풀다보니 자연스레 화제가 오락가락하였다. 한 번은, 대소변도 못 가리면서 어찌 수행을 하겠다고 하느냐는 일침에는 몹시 부끄러워했던 적이 있는데, 운수 행각을 시작한 지 칠팔 년이 되었건만 지옥 같은 선방 좌복은 언제나 끔찍했고, 더욱이 몸이 워낙 부실한 것은 대중스님에게 모두 인정받고 있던 터라 응석받이처럼 단 몇 분이라도 구실을 만들어 좌선 시간에서 벗어나고파 안달을 하던 때의 일이다. 사실 그 즈음 뒷간 일도 여간 힘에 겨운 것이 아니었다. 핑계삼아 입선 시간에 늦기 일쑤였고 보다못한 스님이 등줄기에 식은땀이 나도록 한 마디 뱉은 것이다. 물론 그 일이 있은 후, 시정해야 함은 당연한 일이고 어느덧 추억담이 되었지만, 그 말은 나의 은사스님께서 하신 말씀이라고 하여 한바탕 크게 웃었다. 은사스님의 뒤를 이어 내가 살기 시작했는데 뒷날 당신의 상좌에게 남긴 말씀이 되어 버렸기 때문이다. 그런 혹심한 시련을 보다 못한 스님들은 치료받을 병원과 퇴원 후 요양할 수 있는 장소까지 마련해 놓고는 간곡히 스님들의 뜻을 따라 주길 종용하셨다. 그러나 만약 잘못되면 승려생활도 포기해야 할지 모른다는 중압감에 스님들의 의견을 따르지 못하고 호의를 한사코 거부하며 애를 태워 드리기도 하였다.

결제 삼일 전, 해인사에서 가을 태풍에 쓰러진 나무를 다스리다 퉁그러지는 나뭇가지에 광대뼈를 맞아, 깨진 두 조각 뼈가 안쪽으로 파고드는 사고를 당해, 입술 안쪽을 절개하여 뼈를 밀어내 맞추는 수술을 받고는, 입에 솜과 가제만 문 채로 배어 나오는 피로 앞섶을 물들이며 탈출하듯 병원을 빠져나와 수술독에 눈까지 거의 감겨 일그러진 얼굴로 결제하겠다고 찾아 들었을 때, 어처구니없어 하면서도 용납해 주셨던 스님들, 용맹 정진 기간에도 차마 쫓아내지는 못하고 두 다리를 뻗고라도 자리를 지킬 수 있도록 아량을 베푸시던 스님들, 벌써 적멸에 드셨다는 소식을 들은 몇몇 분도 있지만 모두 여일하신지, 뇌리에 감사지정만 가득하다.

연필을 놓은 지 이십 하고도 수년이고, 아직까지 편지글 몇 장 말고는 글을 써본 적도 없고 원고지에 담을 만한 재주는 더욱 없는데, 요가 교실용 이론 정리를 부탁 받았을 때, 웬만한 일에는 겁내지 않던 성미에도 난감하기만 하였다. 그러나 선뜻 스캐너까지 갖춘 최신형 컴퓨터를 장만하여 준 까닭에 비록 열흘 동안 자판을 익힌 후, 글자를 만들어 가며 단 이십 일 만에 이 일을 끝내는데 결정적 도움을 주었던 고마움, 또 이를 설치하고 사용법을 알려 주느라 먼 길을 오가는 수고를 아끼지 않던 여러분, 컴퓨터 앞에 하루 스무 시간씩 앉아 배기길 보름쯤 하고 나니, 하늘의 둥근 달이 정말 뚜렷이 두 개로 보였지만, 걱정과 함께 격려를 아끼지 않고 깊은 관심을 보이셨던 분들 원력으로 이 글이 나왔으니 이 마음을 어찌 전할꼬?

주지직은 다섯 달도 채우지 않고 할 짓이 못된다 내던지고, 엉뚱하게 토굴에 틀어박혀 겨우 글을 끄적이다니, 은사스님께 더욱 큰 실망을 드린 듯하여 몸둘 바를 모르겠다. 또한 많은 원고 청탁과 출판사의 유혹에도 아랑곳하지 않고 어린 나이에 벌써 무문관을 두어 차례나 둘러 나오면서 수행 정진에 열중하는 희능스님에게도 면목이 없게 되었다. 스님의 글이 여러 지면을 통해 알려지기 시작했을 때, 수행자는 자신의 본분사만 챙겨야지 남들에게 무슨 말로 인정을 받을까만 생각하는 사람이 되어서는 안 된다고 글쓰지 말 것을 야무지게 당부했다. 섭섭한 마음에서인지 오랫동안 연락도 없었지만 그 마음인들 왜 헤아리지 못했겠나? 아이러니를 연출하는 것이 범부의 삶이라고 입버릇처럼 지껄이다가 결국 내가 이 꼴이 되었다만, 목숨은 호흡지간에 있다고 했는데 하필, 이런 글을 썼으니 별난 일은 없어야 될 텐데 하는 걱정거리까지 생기니, 수행자에게는 아무리 좋은 일도 없느니만 못하다는 부처님의 말씀이 어찌 그리 딱 맞을까? 고갯짓하며 능청을 떨 수밖에 없구나!

끝으로 이 책이 나오기까지 많은 도움을 주신 하남출판사를 비롯하여 모든 분들께 고맙다는 말씀을 지면을 통해 대신 전한다.

1999년 초여름에

정경 씀

본문에 사용된 사투리나 독특한 말투는 책의 성격상 사실적인 면을 생생히 전달하기 위해서 굳이 표준어로 고치지 않았음을 밝혀 둔다.

격려사

요가 수행은 인간의 몸과 마음에 대한 정확하고 정밀한 이해를 바탕으로 한 건강법이자 과학이며, 참선 수행에 있어서도 호흡과 명상으로 커다란 도움을 준다. 또한 현대인들에게 무엇보다 소중한 인체의 자연 치유력을 향상시켜서 여러 가지 질병을 예방하고 치료하는 데 중요한 위치를 차지한다.

특별한 장비나 기구 없이 누구든지 요가를 수행함으로써 몸에 기(氣)를 불어넣어 몸에 대한 통제력을 향상시키고, 고요함과 신선함을 유지할 수 있다. 또한 긍정적인 사고와 명상을 훈련함으로써 정신력과 집중력을 향상시켜 맑은 정신상태를 유지할 수 있으므로 수행자들과 정신 노동을 요구하는 현대인들에게 더욱 긴요한 운동이라 할 수 있다.

정경 스님은 선원과 토굴에서 십수 년간 요가 수행을 실천함으로써 참선과의 조화를 구현하여 왔으며, 또한 일종식(一種食)과 생식(生食)을 실천하는 등 수행인으로서 보다 내실있고 심도 깊은 구도 생활을 다져왔음을 눈여겨 보아 왔다. 그 동안의 참선과 수행을 바탕으로 그 위에 금상첨화라 할 만한 요가 실천으로 다져진 자신의 수행력을 대중들과 함께 나누고 다지기 위한 원력으로 요가 수행의 지침서를 발간한다고 하니 그 기쁨에 동참하는 의미가 새삼스럽다. 슬픔을 함께 하면 그 고통이 반으로 줄어들고, 기쁨을 함께 하면 그 기쁨이 배로 늘어나는 것이 자비의 참다운 의미라 생각한다. 부디 이 책을 본보기로 참선 정진하는 스님들에게는 수행의 정진력이 배가할 수 있는 터전이 되기를, 또한 이 책으로 요가 수행과 참선을 하고자 하는 일반인들은 모두 건강과 활력이 가득 찬 생활을 영위할 수 있기를, 또한 책을 출간하는 정경 스님에게는 더욱 용맹 정진할 수 있는 계기가 되기를 기원한다.

대한불교 조계종 제12교구 본사 해인총림 주지 보광 합장

추천사

모든 종교와 수행의 근본이 되는 요가는 본질적으로 마음의 작용을 지멸시키는 최상의 행법이다. 인류가 출현하면서 인간 내면에 공통적인 관심사이며 자연 발생적인 지향은 참된 행복과 평화이다. 요가의 기원 역시 인류의 출현을 시점으로 보는 것이, 요가의 어원과 개념에서 정의하듯이 보편적으로 수용할 만한 설득력을 지닌다고 본다.

요가의 유일한 관심사는, 방법론적인 실천 수행을 통해 身息心, 즉 몸과 호흡, 그리고 마음을 절대 자유의 경지로 해탈시키는 데 있다. 서구에 전해진 요가가 오래 전부터 치료 및 운동, 미용 차원의 행위로 타락하였고, 한국과 일본에 보급된 요가 역시 본질을 망각한 채 미학적인 측면과 치병 목적으로 행하여진지 오래이다.

요가 행법은 총체적인 수행이며 삶 속에서 구체적으로 작용하는 전체적인 조화이다. 그래서 요가를 과학적이면서 종교적이며, 종교적이면서 과학적인 것은 体用性相原理의 근본 수행이며 궁극에는 초월의 공 아닌 공인 실상의 Turiyatita이다.

종교인들, 특히 크리스천과 붓디스트들의 에고를 건드리는 말이 될는지 모르겠지만, 만일 그리스도와 붓다들께서 요가 행법을 체득하지 않았다면 인류에게 다양한 방편의 수행을 통한 깨달음과 구원의 길을 제시하지는 못했을 것이라고 보는 것이, 인도에서는 당연한 귀결로 받아들이고 있다.

인간의 육체는 사원이며 마음은 사원 내에 존재하는 미묘한 물질로서 身息心의 조화가 무시된 수행은 순수 의식이며 자성, Purusadls 독존지를 증득하는 난행에 부딪히고 말 것이다.

오늘날 발심수행납자와 수도자, 성직자들 모두 신 또는 본성의 사원인 육체를 무시한 채 마음과 영혼만을 안고 참선과 기도, 봉사를 통한 희생적인 실천에 비중을 둔 나머지 신과 깨달음의 도가 온전치 못했음을 절실히 인식하기에 이르고도 남았다. 중생을 제도하고 구원의 메신저로 소명을 받은 이들이 현상적 실체인 자신의 몸과 호흡, 마음을 바르게 체득하지 못하고서 해탈과 평화를 운운한다는 것은 가히 위선이 아닐 수 없다. 무엇이 진정한 수행과 깨달음이며 구원인가를 아는 이는 身息心의 총체적인 조화를 알 것이다.

금번 시절 인연이 도래하여 정경 스님께서 과거 수년간 체험을 바탕으로 아사나스 북을 출간한다기에 진심으로 축

하해 마지 않으며, 부디 完德을 향한 수행의 지침서로서 또한 건강에 관심있는 이들에게 훌륭한 지침이 될 것임을 믿어 의심치 않는 바이다. 부디 이 책을 계기로 요가의 本質을 이해하고 궁극의 경지인 마음지멸의 무사심의 자리에서 독존지의 해탈을 기원해마지 않는다.

제주에서

禪松 한주훈

차례

차례

읽기 전에

흔히 아무개는 무슨 운동을 해서 건강하더라, 혹은 어떤 운동을 했더니 잃었던 건강을 되찾았더라는 말을 심심치 않게 듣는다.

좋은 생활 습관과 바른 자세를 갖고 있는 사람은 그의 삶 그대로가 완벽한 건강법이다. 그런 사람에게는 남들이 아무리 대단하게 여기는 운동법일지라도 그 효과는 기껏 가벼운 오락을 즐긴 정도에 불과할 뿐이다. 그러나 질병으로 고생하던 사람이 무슨 건강법으로 건강해졌다면 이는 단지 그로 말미암아 평소의 그릇된 자세와 나쁜 생활 습관이 개선된 결과인 줄 알면 된다. 그러므로 참선 요가 수련의 참된 목적은 병을 다스리는 데 있지 않다. 알면서도 혹은 미처 느끼지 못한 가운데 우리의 잘못된 일상 생활이 야기시킨 온전치 않은 인체의 비정상적인 상태를 균형 있고 조화로운 몸짓을 통해 인체의 순수한 기능을 정상화시키고자 하는 데 그 뜻이 있다.

참선 요가 프로그램 수련이 인체에서 일으키는 효과는 다음과 같다.

① 아랫배의 근육을 단련하여 강력한 복압을 발생시켜 원활치 못한 피돌이를 돕게 하므로 냉하고 탁해진 혈액의 장애를 소멸한다.

② 오장 육부에 충분한 자극을 주어 내장의 기능을 활성화하는 한편 만병의 근원이 되는 숙변을 완벽히 제거하고 방지한다.

③ 완벽한 호흡을 익히게 하여 불완전한 호흡이 발생시키는 모든 질병을 치료, 예방한다.

④ 평소의 그릇된 자세로 말미암아 어긋난 척추 및 골격의 비정상적인 상태를 개선하여 아름다운 몸매와 자신감에 넘치는 모습으로 변화시킨다.

⑤ 인체의 흐트러진 조화와 균형 감각을 되찾고 향상시켜 온갖 스트레스에 쉽게 지치거나 피곤해하지 않게 한다.

⑥ 연속되는 동작들은 긴장된 근육을 풀어 주고, 이완된 근육은 적당히 긴장시키며, 몸 속의 피로 물질을 배출하는 신진 대사 작용을 도와 항상 탄력 있는 피부와 젊음을 간직하게 한다.

그러므로 참선 요가 자세의 구성면에서 보면 이 모든 동작은 이러한 목적을 남녀 노소 누구나 무리 없이 성취할 수 있도록 짜여진 매우 과학적인 프로그램이라 할 만하다. 이 점을 깊이 이해하고 요가 수련을 한다면 건강한 이는 더욱 자신의 건강을 신뢰할 수 있게 될 것이요, 당장은 그렇지 못한 사람일지라도 꾸준한 수련을 통해 이 글의 참뜻을 반드시 이해하게 될 날이 있을 것이다.

요가 하나

1

분위기가 마음에 썩 들었나보다. 다짜고짜 얼마간 수양하며 지내고 싶은데 방 하나만 빌렸으면 하고 운을 띄운다. 물론 인사 치레로 하는 말인 줄 뻔히 알지만 너스레 떨기 싫어서 적당한 구실을 붙여 거절을 하면 눈치도 없이 '방 값' 운운하며 대답을 더 듣겠다는 투다. 그럴 때에 하는 말이 있다.

"내가 아무렴 부모 형제 이별하고 출가할 때 방 값이나 받아먹고 살려고 중이 됐겠소."

산 속 절이 다 그렇지만, 울타리도, 대문도 없긴 하나 비바람 정도는 넉넉히 가릴만 하니 뭐 그리 까다롭게 굴 것까지 없겠으나, 본디 사람 됨됨이가 그러니 어쩔 수 없는 노릇이다. 심심하고 외로울까 걱정까지 하며 동무가 되어 주겠다는 데도 '내가 혼자 살려고 중이 됐는데 왜 댁들하고 같이 살아야 됩니까?'이다.

하루 한 끼 먹고, 그것도 생쌀가루 한 되 반과 양배추 두 포기로 한 달을 산다고 하니 간혹 소문에 귀만 솔깃해서 숨은 도인쯤으로 여기면서 분별없이 찾아와 이바구나 하자고 대들면 왜 그리도 서글픈지. 얘기가 앞뒤 없이 흐르다 오히려 신변 잡사에 이르면 그제야 말문이 조금 트인다.

머리 긴 사람들은 뭐 그리 궁금하고 되잖은 관심거리가 많은지. 혼자 있으면 외롭지 않느냐, 밤에 무섭지 않느냐, 정말 그렇게 먹고도 힘에 부치지 않느냐, 생활비는 어떻게 마련하느냐 등 걱정이 하염없다. 그러나 아무리 유별나다 해도 시주 은덕을 입는 몸이다 보니 마지못해 한두 마디 대꾸한 것이 몇몇은 꽤 신통하게 여겼던가? 이제는 그 방면엔 대가라 알려졌단다. 그래서 잠깐 대중 앞에 서서 일삼아 공개 강좌를 하기도 했다. 그 결과 많은 이가 "들을 만하다."고 했다. 그래서 느닷없이 글을 쓰니 아무리 생각해 봐도 멋쩍은 일이다.

특별히 아는 것이라고 해서 내어 보일 바가 전혀 못된다. 다만 출가 생활 중 절반이 넘는 십수 년을 몸이 온전치 못하면 이 일을 해낼 수 없다고 판단하여 나름대로 터득한 방법을 선보일 뿐이니 누구에게나 통할 일도 물론 아니다. 그런 까닭에 기특한 일은 더욱 못 되는 줄 잘 안다. 하지만 이 일로써 누구라도 약간의 이익을 얻는다면 부처님의 은혜와 낯모르는 시주님네 은공에 조금이나마 보답하였다고 여기리라.

2

하루 한 끼 먹고 생식하는 따위는 다만 스스로의 생활에 보탬이 될까 하여, 즉 좀더 간소하게 살려고 시작한 일에 불과하니 불법과 무슨 상관이 있겠는가! 이는 단지 중생의 허물을 아직 여의지 못한 채 그 한계를 넘어 보고파 하는 가련한 몸부림일 뿐이다. 그러므로 드러낼 일도 아니건만 다른 사람들 눈에는 신기하기까지 한 모양이다. 하기야 온통 사람의 관심이 먹는 것과 건강에만 쏠려 있는 세상이다 보니 배추 두 포기와 생쌀 한 됫박 남짓이 한 달 양식거리라면 그럴 법도 하지 않겠나! 하지만 누군들 그러고 싶었으랴! 산 속에 살면서 뾰족한 재주와 방법을 미리 익히질 못했고, 둘러본즉 가장 쉬이 얻을 수 있는 것은 그것밖에 별로 눈에 뜨인 것이 없었기 때문이다.

천성이 게으르고 아둔할 뿐만 아니라 남들처럼 눈썰미도 신통치 못해서 산에 살기는 하나 잣나무와 소나무도 분간치 못한다. 특히 잎 달린 생물 구별하는 데는 소질이 전혀 없다. 그러니 나물이나 열매가 천지 사방에서 '여기 있으니 날 잡숴 주!' 아우성 친들 무슨 도움이 될 것인가. 갸륵하게나마 불행 중 다행히 내 주제 파악은 할 수 있었던 덕분에 꿈엘 망정 애초부터 거저 얻는 것이라곤 생각에도 없었다. 그러니 생식을 염두에 두고도 처음에는 쌀가루로 시작할 엄두조차 내지 못했다. 궁상맞은 생각으로 쌀을 때맞춰 간간이 가루로 장만한다는 것조차 어지간한 일이 아닐 것이라고 여겼기 때문이다. 결국 궁리 끝에 생각해 낸 것이 오천 원 남짓 주고 산 밀가루 한 포가 전부였다. 그런 판에 생식에 좋다는 무엇 따위를 행여나 생각해 본다는 것은 있을 수도 없는 일이겠거니와 부질없는 망상이요 사치라 치부해 버린 것은 아주 오래 전부터의 일이다.

그러므로 이 일은 어쩌다가 삶의 한계나 인내력 따위를 시험해 보고자 하는 느긋한 명분이나 심심풀이 삼아 시작한 일이 결코 아니다. 그 즈음 나의 절박하고 딱한 처지는 정말 그렇게라도 발버둥쳐 보지 않으면 안 될 지경이었다. 십여 년간 역기로 단련하여 무쇠 같다고 자부하던 몸은 출가 이후 벌써 두 번씩이나 죽음을 각오해야 했었다. 속절없이 흐르는 세월 속에서 건강마저 더 이상 믿을 것이 못된다는 것을 희미하게나마 알아차렸을 때 그렇게 자신 만만해 하던 보디빌더의 패기는 이미 지난날의 이야기가 되어 버렸다.

3

부모님의 오랜 기다림 끝에 태어났으나 남과 같이 튼튼하지 못했다. 어렴풋한 기억이지만 어른들의 등에 업혀 병원 문턱이 닳도록 드나들었다. 태어나 자란 곳이 서울인지라, 구비구비 고개 넘고 물 건너 다녀야 했던 것도 아니건만, 초등 학교에 들어가서도 하교 길엔 걷는 것조차 힘에 겨워, 길 가에 주저앉아 하염없이 울다가 동네 형들 눈에 띄면 그제야 업혀 돌아오기 일쑤였다. 웬만큼 살던 형편이고 어렵사리 얻은 장손인지라 금이야 옥이야 했건만, 워낙 입이 짧아서 밥상머리에서조차 어른들에 애간장을 태웠다. 전쟁 끝이라 어렵사리 구해 먹이는 귀한 음식도 안중에 없었고, 삶은 달걀이나 계란 부침의 흰자위나 겨우 발라먹었다. 아직도 기억이 생생한데, '아지'라는 생선 튀김은 그런 대로 좋아했다. 그러나 그놈도 소금기에 절어 간간해진 껍질만 벗겨 먹지 결코 흰 살코기는 입에 대지 않았다. 과일도 제대로 먹질 못했다. 여태까지도 섬찟한 배란 놈은 어찌 그리도 입안에서 껄끄러운지, 사과도 입에 안 맞았다. 구멍 가게에는 그 즈음에 가장 고급스러운 신앙촌 카스테라가 있었지만 그것도 목구멍에서 걸리긴 마찬가지였다. 결국은 커서도 달걀 노른자위를 제대로 먹질 못했고, 생식을 하는 지금도 사과와 배만큼은 일년 내내 먹어 봤댔자 손가락으로나 헤아릴 정도니 아직까지 구미에 와 닿질 않는 까닭이다.

4

그렇게 병치레를 하며 자란 탓으로, 장성해서까지 나약하기만 한 몰골에 꼴이 도무지 말이 아니었다. 그러나 군대만큼은 빨리 다녀와야겠다는 생각을 했다. 그래서 지원을 하고 신체 검사를 받았다. '체중 미달, 고혈압, 가슴둘레 87cm.' 결과는 너무나 비참했다. 아주 철저한 불량품이었다. '정말 이러다간 사람 구실조차 못하겠구나' 하는 생각과 함께 비로소 정신이 번쩍 났다. 그때 마침 얼치기 강사로 있던 음악 학원에서는 통기타 가수가 모자란다며 무대에 설 의향이 없느냐고 했지만 썩 마음이 내키지 않아 망설이던 차였다.

아주 어릴 적부터 특별한 까닭도 없이 이 다음에 크면 혼자 살리라 다짐하곤 했었다. 그 일을 염두에 두고 중학생 때부터 준비한답시고 시작한 것이 기타를 만지게 된 순수한 동기이다. 어린 생각에 혼자 살더라도 즐길거리 하나쯤은 있어야겠다는 생각으로 익힌 것인데 밥벌이라니! 미련 없이 악기를 놓았다. 그 일이 평생 나의 일이 되어서는 안 되겠다는 생각에서였다. 그 후 두 번 다시 그것을 잡지 않았다.

그 당시 머리속엔 오직 '이러다가 사람 구실도 제대로 못하는 것은 아닐까?' 하는 걱정뿐이었다. 그 무렵에도 남들처럼 야망에 들뜬 기억은 없으나 일신이 건강하지 못하면 아무 일도 할 수 없을 것이라는 분별은 다행스럽게 있었던 듯하다. 몇 날을 두고 고민한 끝에 내린 결론은 우선 어떤 상황에서도 버틸 수 있는 몸을 만들자는 것이었다. 악기를 버리고 찾아간 곳이 육체미 체육관이었다. 기타에 쏟던 열정 따위는 비교도 안될 정도의 기세로 사람 행세 해보자는 일념으로 난생 처음 운동에 매달렸다.

5

그 덕분에 누구에게도 부끄럽지 않은 건강한 몸매를 곧 만들 수 있었다. 그리고 시절 인연 따라 경남 합천 해인사로 출가했다. 그곳의 스님들은 나를 무슨 별종 보듯 했다. 하지만 스님들의 시선을 아랑곳하지 않고 운동만큼은 꽤 열심히 했다. 몸이 아픈 스님을 보면 왜 그리도 측은해 보이던지. 저렇게 초라해지진 말자고 다짐하며 역기가 있는 절로만 찾아다녔다.

하지만 절집 생활과 공부는 그리 만만한 것이 아니었다. 아무리 역기를 들고 아침저녁으로 무쇠같이 몸을 다진다 해도 수행하면서 얻게 된 병마에는 별로 효험이 없었다. 아주 힘든 고비도 여러 차례 있었다. 따라서 참기 어려운 날들은 계속됐다. 다행히 타고난 성품이 몸에 대해서만큼은 좀 무딘 편이었다. 아마도 허약한 몸으로 살아오면서 모르는 사이에 터득한 나만의 생존 방식일 것이다. 예나 지금이나 당연히 몸을 위하여 최선을 다하지만 몸이 안 따라와 줄 땐 미련스러우리만치 즉시 인정하고 아파할 줄도 안다. 그러나 그 짓도 한두 번이지 기약 없이 찾아드는 병마에는 도무지 속수 무책일 수밖에 없었고, 좌절감만 깊어갔다.

6

대체로 스님들의 성품은 깔끔한 편이다. 특히 걸망 하나 달랑 메고 발길 닿는 대로 정한 곳 없이 다니며, 공부만 하시는 운수 납자 스님들의 기질은 평범한 눈길로는 이해하기 어렵다. 가령 몸이 아프면 머리 깎은 사람도 별수 없이 마음이 약해지고 신경마저 날카로워져 주변 사람들마저 괴롭히긴 마찬가지라 짐작하겠지만 천만에 말씀이다. 납자 스님들은 전혀 다르다. 먼저 눈빛이 달라지고 행동거지가 조심스러워진다. 행여 자신 때문에 대중 스님들 공부에 지장이 있지나 않을까 하는, 다시 말하자면 내 일신의 고통보다는 여러 스님들의 수행을 더 염려하는 배려가 앞선 까닭이다.

어느 사찰이건 수행처마다 환자 스님을 위해 마련된 한적한 간병실과 정성껏 병 수발을 도맡아 해주시는 간병 스님은 꼭 있기 마련이다. 본디 간병이란 소임은 전문 지식이 있는 분이 맡기도 하지만 가끔은 병마에 많이 시달려 본 스님들이 그간 입었던 은혜에 보답코자 자청해 나서기도 한다. 하여간 간병 스님의 손길은 참말 예사롭지 않다. 아픈 사람 심정을 잘 헤아리는 까닭에 그들의 자상함은 특별나며 헌신적인 행위는 보살의 화현으로 비유되거나 여러 스님들 사이에서 내내 화제가 되기도 한다. 그래도 환자 스님은 자신의 병환이 깊어지고 대중에게 폐가 된다 싶으면 아무도 모르게 슬그머니 걸망하나 챙겨 메고 정처 없이 길을 나선다. 그 스님 속내에는 '모든 스님이 큰 뜻을 세워 한결 같은 마음으로 부모 형제를 어렵사리 뒤로 한 채 출가해서 머리 깎고 먹물옷을 입었는데 오히려 수행에 도움이 되지는 못할망정 내 일신의 일로 여러 스님에게 짐이 되어 공부에 방해가 되어서는 결코 안 된다'는 생각에 자신을 용납하지 못하고 총총히 사라지는 것이다. 가버린 스님 심정이야 어떠하든 대중 스님들 역시 그에 대한 근심과 걱정으로 침울해 하며 혹시라도 환자 스님에게 소홀한 점은 없었는지 살피기까지 한다. 그러나 곧 분위기는 안정되고 떠나간 스님의 깊은 배려에 감사하며 각자의 공부를 짐짓 점검하고, 이내 각오를 새롭게 하여 더욱 정진에 힘쓰는 계기로 삼을 줄 아는 것이 납자 스님들의 남다른 지혜이기도 하다.

7

이 아름다운 대중에 참예했으나 두 해를 넘기지 못하고

자부하던 건강은 무너지기 시작했다. 오줌 줄기로 쏟아지는 피를 보며 처음으로 육신의 한계를 절감했다. 하루에도 몇 번씩 오그라드는 몸으로는 도대체 할 수 있는 것이라고는 아무 것도 없었다. 결국 걸망을 둘러 멘 채 마이신에 의지하며 이 절 저 절 서성거릴 수밖에 도리가 없었다. 그래도 차도가 있어 보이면 공부하러 들어갔다가 심상치 않다 여겨지면 다시 걸망 메길 거듭하면서 삼 년 정도를 버텼다. 하지만 몸이 따라주지 않으니 공부도 제대로 할 수도 없었다. 어떤 때는 스스로가 왜 그리 비참하게 여겨지던지 까닭 모를 눈물도 흘리곤 했고, 너무나 비참해진 내 모습에 공연히 분통을 터트리기도 하였다.

그 와중에도 마음 한편에는 막연하게나마 의지하고픈 것이 있었다. 바로 운동에 대한 미련이었다. '병약할 때는 사람 구실조차 전혀 못할 것이라고 여겼는데 당당한 체격으로 만들기도 하지 않았던가? 운동으로라도 내 몸을 극복해 보자' 하는 오기 반 기대 반의 생각이 충동질했다. 솔직히 말해서 익힌 것이 그것 뿐이요 할 줄 아는 것도 운동밖에 없었다. 스님들의 우려의 눈빛도 아랑곳하지 않고 다 죽어 가는 시늉을 하면서도 무지막지한 무쇠덩이와 씨름을 해댔다.

격렬한 운동량으로 먹는 것도 대단했다. 나 자신도 신기하다는 느낌이 들 정도로 먹어댔다. 그렇다고 입 짧은 내 식성이 금방 변하여 이것저것 마구 먹어댄 것은 아니다. 하루 세끼 밥에 불과하지만 먹어대는 양은 짐작컨대 날마다 한 양동이는 족히 되고도 남았다. 우선 지금의 일을 애기하면 그때와는 영 딴판이 되었지만, 그때는 그리 먹어대도 일주일에 한 번 정도 마지못해 찾아가는 화장실에서 계산을 해보았자 엄지손가락 한 마디만큼이 전부였다. 아마도 99% 완전에 가까운 분해였으리라. 좌우지간 그렇게라도 용을 써 대니 남들이 보기에도 우선은 괜찮게 봐 주었다. 나 역시 목욕탕 거울에 비치는 탄탄한 모습에 위안을 받기는 마찬가지였다. 그렇게 병에도 익숙해질 무렵 오랜만에 대중 스님 곁에 돌아가고픈 생각이 슬그머니 일었다.

8

몇 해 떠나 있던 선방으로 돌아오게 되니 '다시 공부를 하게 되었구나' 하는 안도감과 함께 그 동안 손해 본 것까지 벌충해야겠다는 생각이 일더니 이왕이면 공부 방법도 새롭게 바꿔 보자는 의욕까지 충동질 쳤다.

우리 나라의 참선하는 스님들은 대체로 화두를 들고 공부하신다. 그런데 이 공부라는 것이 도무지 웬만한 의지로는 대책이 서질 않는다. 얼떨결에 뭇스님 곁에 감히 머무르기는 하지만, 수행자의 자질이나 최소한의 소양도 내게는 없었다. 그러면 다소곳이 부처님 말씀이라도 배워야 옳겠건만 못난 위인인지라 그런 그릇도 또한 못되었다. 그때까지 부처 불자의 뜻도 제대로 몰랐다 해도 괜한 말이 아니다. 얼마나 못났던지 강당에서 글을 배울 때조차 이해되는 것이 아무 것도 없었다. 도대체 강사 스님이 무슨 말을 하고 있는지도 분별이 되질 않았다. 그래서 경전 보기를 이내 포기하고 걸망 중이 되어 선방 문턱을 넘나들었지만 그것은 더 속타는 일이었다.

모든 일이 다 그렇지만 수행이라는 것도 스스로가 알아서 해야 함에는 다름이 없다. 다시 말하면 철저한 자기 관리가 수행이라는 얘기다. 더구나 이 참선공부는 철저히 자신의 한계를 인식하고 시작해야 하는 공부다. 그러므로 누가 선불리 도와 주겠다고 감히 나설 수도 없는 일이고 누구에게 도움을 빌릴 수도 없는 막연함 그 자체인 것이다. '백척간두 진일보' 라는 말이 있다. 까마득한 높이의 장대 끝에서도 한 발을 내딛어야 한다는 가르침이다. 마땅히 그러한 기상이 있어야 수행인의 자격이 있고, 당연히 그럴 기백이 있어야만 할 수 있다는 것이 참선 공부다. 그런데 몸도 몸이려니와 사실 마음도 여린 내게는 정녕 막막함 그것뿐이었다는 말이 결코 허언이 아니다. 그래서 궁리 끝에 공부 방편이나 한 번 바꿔 보자는 생각까지 하게 된 것이다.

하지만 그것도 순전히 생각뿐이지 본디 경전을 연구해 보기는커녕 제대로 들쳐본 바도 없으니 별 뾰족한 수가 있을 까닭도 없었다. 문득 절집에 와서 얻어들은 얘기 중에 호흡에 집중하여 마음을 잘 다스리면 깨칠 수 있다는 말이 생각났다. 출가 전부터 단전 호흡이라는 수행 방법이 건강에도 대단히 좋다는 얘기는 간간이 듣지 않았던가.

'옳지! 수식관을 하자! 부처님께서도 제자들에게 몸소 가르치셨던 수행법이고, 지금도 다른 불교 국가에서는 널리 행해진다 하지 않던가! 혹시 불법과는 십만 팔천 리가 된다 해도 단전 호흡으로는 병도 고치고 신선도 된다는데 크게 어긋나겠나' 싶었다.

거듭 말하거니와 우리 나라 선방의 오랜 수행 가풍은 화두를 의지해 하는 간화선 뿐이라고 하여도 과언이 아니다. 이런 까닭에 엉뚱한 짓거리 하다가 괜한 오해라도 받게 되면 당사자도 여간 거북스러워 지는 것이 아니다. 그래서 공부 얘기만큼은 스스럼이 없는 사이라도 대단히 조심스러워 한다. 그러니 굳이 드러낼 일도 아니어서 시침 뚝 떼고 수식관이 되는지, 복식 호흡이 되는지, 단전 호흡인지도 구별 못 한 채 오직 이것도 수행은 되겠거니 하며 죽기 살기로 덤벼들었다.

요가 둘

1

인간의 체질은 참으로 다양하다고 한다. 그래서 동서양을 막론하고 체질 감별론도 한 자리를 하는 모양이다. 주위들은 풍월로 내 체질의 특징을 말하면 본디 먹성이 시원치 않고, 체중이 가볍고, 몸도 가냘프다고 한다. 지난 일들을 돌이켜보면 그리 틀린 말은 아닌 듯하다. 왜냐하면 운동할 당시에도 남들은 반 년 남짓하고도 벌써 시합을 나갔는데 나는 두 해를 꼬박 넘기고서야 겨우 그들과 겨루어 볼 만했다. 그렇다고 운동량이 남보다 적었다거나 게을리 한 것도 결코 아니다. 그때는 육체미 체육관만큼은 연중 무휴였다. 일 년 삼백예순 날 중에 빼먹는 날이 거의 없을 정도였다. 나중에는 오가는 시간도 아까워 운동 기구를 아예 집에 들여놓고 아침저녁으로 운동했다. 한밤중 아니 새벽도 없이 했노라 말해야 옳을 정도였다. 하지만 더 이상 근육은 불어나질 않았다. 그때도 막연하게나마 체질 탓도 있으려니 했지만 인정하고 싶지 않았다. 오직 열심히 하면 뭔가 되겠지 하고 매달렸다. 섭섭한 마음도 가끔은 들었다. 『이솝우화』에 여우가 먹음직한 포도를 발견하고 아무리 애를 써도 얻을 수 없게 되자 저 포도는 실거라며 체념했다는 얘기가 있듯이 동료들의 우람해지는 근육미를 보며 생각했다. '나는 저렇게 징그럽게는 되지 말자.' 이렇게 일부러 외면하면서 스스로를 달랬지만 도대체 기준 이하였다. 그러나 아무리 타고난 체질이 그렇다고 하더라도 썩어도 준치라는 말이 있다. 그렇게 단련시켜 놓은 몸이니 팔다리까지 온통 돌덩어리처럼 단단해져 있었다. 그 정도로 만족해 한 것까지는 괜찮았다. 그런데 그것이 감당 못할 정도로 굳어 있었다. 그 몸으로 선방에서 참선하겠다고 다리 꼬고 앉으려니 될성싶기나 했겠는가 말이다.

2

요즘은 참선이 무슨 말인지 정도는 대개 알고 있는 듯하다. 어쩌면 그때도 우둔한 나나 몰랐을까 남들에게 이미 상식이 되어 있었는지 모를 일이긴 해도 말이다.

참선이란 부처님 제자들이 행하는 다양한 수행법 중 하나를 일컫는다. 그래서 '불교'하면 참선을 떠올리고, '참선'하면 좌선을 연상하는 것이 오히려 자연스럽게 느껴진다. 이미 우리에게는 친숙한 일상의 언어가 되어 버린 탓이다. 참선이 꼭 좌선으로만 하는 것은 아니지마는 좌선으로 굳이 설명하는 데에는 이유가 있다. 이 좌선법을 잘 익히기만 하면 가장 수월하게 수행할 수 있기 때문이다. 이런 까닭에 선방에서도 참선 정진에 적합한 좌선으로 일과를 삼는다. 그래서 참선과 좌선이 구별 없이 쓰여도 별로 이상스럽게 느껴지지 않는 것이다.

이 듣도 보도 못했던 참선을 하긴 하는데, 말이 공부지 내게 만큼은 순전히 생지옥 바로 그것이었다. 꿈엔들 이런 일이 내 평생에 있으리라곤 미처 생각지도 못했다. 절에나 가자고 마음먹은 것도 밤 사이의 일이요, 승려가 되겠다고 결심하기까지도 절에 들어와서 불과 일 주일만의 일이다. 지금 와서 생각해도 몽중에나 있을 법한 일이다. 그렇게 시작한 중노릇이니 오죽이나 답답했겠는가! 하지만 이미 모습이 그러하니 무슨 시늉이라도 해야 할 판인데 남들의 사연은 어떤지 모르지만, 만약 이 일이 꼭 내일이 될 줄을 미리 짐작이나 했다면 아마도 정녕코 무슨 대책이라도 세워 두었으리라! 도통 내 몸뚱어리 말고는 믿을 것도 없고, 오직 건강한 신체만 있으면 세상에 거리낄 것이 없을 줄 굳게 믿고 있었다. 그런데 바로 그것이 문제가 됐다. 그것이 도리어 가장 큰 장애가 되는 세상이 있을 줄이야! 그때 처음 내 선근이 부족함을 절실히 느꼈다. 그 많은 운동 중에 또 하필이면 육체미 운동을 했는지. 웃통 벗어 부치고 힘 자랑할 때는 몰랐는데 다리 접고 앉으려니까 아차 아니구나 싶었다.

3

그런 몸으로 시작한 선방 생활은 고통의 나날이었다. 도무지 앉아 배길 수가 없었다. 누구도 믿기 어렵다 하겠지만, 단 십 초도 다리를 접고 견뎌 낼 수가 없었다. 사실이 그랬다. 나무토막 같은 다리통은 선방에서만큼은 아무짝에도 소용되질 않았다. 양옆에 삼매에 들어 계신 스님들에게는 전혀 면목도 없는 일이었으나 나만은 그 자리에서 마땅히 해야 할 일이라도 되는 듯이 오직 다리만 폈다 오므리기를 일과로 삼는 수밖에 딴 도리가 전혀 없었다.

그렇게 온종일 다리만 오므렸다 펴기를 되풀이하면서도 아주 가끔 이삼 분 정도 용을 쓰고 버텨 본적이 몇 번인가 있었다. 하지만 그럴 때마다 다리는 도저히 어찌 해 볼 수 없는 상황에 빠져들어 버리길 거듭했다.

'이제는 관절까지 망가뜨려서 병신이 되고 말았구나!'

혼자 망연 자실해 하며 며칠을 지내다 보면 다시 관절이 부드러워지고 약간씩 굽힐 수가 있었다. 하여간 선방 첫 해에는 채 일 분도 제대로 앉아 있기 힘들었고, 둘째 셋째 해도 별로 나아진 바가 없었다. 그러니 선방 좌복에 앉아 있으니 명색이 수좌이지 도무지 부실하기 짝이 없었다. 정말 너무나 고통스러울 때는 온몸으로 문을 박차고 튀어 나가 맘껏 뒹굴고픈 환상에 빠져 헤맨 적이 한두 번이 아니었다.

4

수식관을 결심한 해는 출가해서 어느 덧 예닐곱 해를 지날 즈음이었다. 그런데 그때라고 다리 사정이 별로 나아진 것도 없었다. 기억컨대 아마도 한 오 분 정도는 버틸 수 있지 않았을까 싶다. 그것도 새벽 첫 시간에 한해서다. 다리가 아파 오면 막무가내였기 때문이다. 하지만 그래도 그때는 사정이 썩 좋아졌다. 왜냐하면 그나마 다리를 오므린 채 있을 수 있었으니 말이다.

법당의 부처님을 떠올리면 이해가 쉽겠지만, 좌선할 때의 다리 모양을 가부좌라고 한다. 흔히 양반다리라고 하는 것과는 약간 다르다. 두 다리를 몸 앞에 모아 무릎을 구부려 앉는 것은 비슷하다. 가부좌를 할 때는 두 종아리를 아래위로 하여 나란히 포개 앉는다. 혹은 결가부좌라 하여 양발을 다른 쪽 넓적다리 위에 얹어 놓고 앉기도 한다. 이때는 당연히 팔장을 낀 듯 한 모양으로 종아리가 서로 엇갈리게 된다. 그때까지도 이런 자세들은 감히 흉내는커녕 마음도 전혀 먹지 못했다. 하지만 어설프게나마 다리는 모으고 앉아 있을 수 있으니 그만해도 내게는 과분한 일이었다.

이런 몸으로 딴 일을 하나 더 해보겠다고 한다면 순전히 객기이지 그 이상도 그 이하도 아니다. 하지만 출가 이후 그때까지 변변한 무엇하나 해놓은 것이 없었던 나를 수시로 엄습하던 것은 오직 병든 육신에 지쳐 초라해진 몰골을 위로하기 위해서라도 무엇이든지 해야 한다는 절박감뿐이었다. 그 무렵 아주 묘한 정말 신기에 가까운 명분으로 찾아낸 것이 바로 수식관이라는 것이었다.

5

수식관이란 한문으로 수식관이라 썼을 때 앞의 첫 자가 무슨 뜻에 해당하는 글자냐에 따라서 수행 방법 또한 달라지게 된다. 알기 쉽게 설명하면 앞의 글자가 '셈 수'자 수식관이면 호흡할 때마다 숫자를 세는 것이요, '따를 수'자 수식관이면 호흡을 관찰하되 들고 나는 숨의 상태를 찰라도 놓치지 않고 의식으로 확실히 알아야 한다는 차이가 있다. 나는 앞의 방법을 택했다. 물론 뒤의 방법보다야 수월하기도 하려니와 아주 기발한 생각이 머리속에 떠올랐기 때문이었다.

대체로 역기를 들 때에는 운동 횟수를 세면서 하게 된다. 동료가 기구를 들 차례가 되면 옆 사람이 숫자를 대신 세어 주면서 거들기도 하는데, 그럴 땐 힘이 훨씬 덜 들고 재미도 있다. 바로 그것이었다. 문득 '역기를 들던 일로 이 모진 고생을 하고는 있다만, 운동하면서 익힌 것 중에 숫자 세는 일도 있지 않던가? 내 업력 중에서 이것만큼 자신 있는 일이 또 있으랴'는 생각이 뇌리를 스쳐 갔던 것이다. 본디 범부의 인생살이란 명분 찾기 게임이다. 정말 내게는 가슴이 확 열리는 듯한 느낌이 들었을 정도로 대단한 명분처럼 여겨졌다.

요가 셋

1

그런 명분과 구실을 앞세워 시작한 수식관은 사실 말이 그럴 듯했지 아무 것도 아니었다. 거듭 말하거니와 부처님의 가르치심을 경전을 통해서라도 제대로 연구해 본바가 없고, 흔해 빠진 단전 호흡에 관한 책도 들추어 본 일이 없었기 때문에 하는 짓이 수련인지 수행인지조차 구별도 없었다는 것은 두말할 나위 없다. 명색이 알량한 수좌인지라 선방 스님네의 살림살이가 대체로 화두 하나 챙기는 것밖에 없듯이 아는 것도 없는 주제에 미리부터 글하고는 담을 쌓아 놓았으니 '수식관', '단전 호흡'이라는 말은 그야말로 말로만 주워 들었을 뿐이지 사실 내 영역 밖의 일임에는 틀림없었다. 단지 그 동안 얻어들었던 얘기 중에, 호흡을 할 때는 배 모양은 어떻게 해야 하고, 숫자는 어디에서 세어야 하는지 정도가 지식의 전부였다.

대단한 각오와 의욕을 갖고 기대 반 호기심 반으로 시작한 첫 날은 들뜬 기분 속에 처음 해보는 짓인지라 재미도 괜찮아서 하루 해를 수월히 넘겼다. 이틀째에는 몸이 약간 좋지 않은 듯했지만 별일 아니겠거니 생각하고 전날의 경험을 되살려 호흡에 집중했다. 삼 일째 되던 날도 새벽부터 가슴이 답답한 것이 꼭 무엇에 체한 듯했으나 대수롭지 않게 여기면서 오로지 호흡 수련에만 몰두했다.

2

선방에서는 공부하는 기간을 '한 철', '두 철' 하며 셈하는데, 석 달을 한 철이라 말한다. 이 기간을 여름에는 '하안거' 겨울에는 '동안거'라고 달리 부르기도 한다. 이때는 죽은 송장도 절 밖으로 내보내지 않는다고 할 정도로 수행 도량에서는 시급한 일이 아니면 하던 사찰 보수 공사도 중단하거나 시작하지조차 않는다. 그러니 스님들의 출입 따위야 말할 나위 없다. 안거 중의 일과는 그 철에 모인 스님들이 상의한 끝에 결정하게 된다. 하지만 어느 사찰이든 간에 밤 아홉 시부터 새벽 세 시까지만 수면을 허락하는 것이 원칙인데 몇 시간 잘 것인가가 아니라 몇 시간을 공부할 것이냐에 따라 수면 시간도 결정된다. 대개 공부 시간이 열두 시간 정도까지라면 자연스레 여섯 시간의 수면이 허락되지만, 열네 시간이 되면 상황이 달라진다. 이때는 새벽 두 시부터 밤 열 시까지라야 하루 일과의 균형이 맞는다. 만약 거기서 두 세 시간이 더 늘어나면 잠시 허리를 펴는 정도지 그것을 잤다고 할 수 없는 지경이 되고, 용맹 정진이라도 할 때에는 세 때 공양 시간 외에는 어떤 명목의 시간도 달리 주어지지 않는다. 그렇기 때문에 그때는 스스로 알아서 매 시간마다 허락되는 십 분씩의 행선 시간을 활용해서 세면, 세탁, 뒷간 쪽 일까지 해결해야 한다. 당연히 방바닥에 잠시라도 눕는 따위의 일은 있을 수도 없다. 그래서 안거가 시작될 무렵이면 스님들의 관심이 어쩔 수 없이 여기에 집중된다. 연세 많으신 노스님이나 건강에 자신이 없는 스님에겐 여간 심각한 문제가 아닌 까닭이다. 시간에 관한 것이나 그 외 한철 동안 각자가 분담해서 해야 할 일들은 안거 시작 하루 전날 밤에 모든 대중 스님네가 모인 자리에서 진지한 논의 끝에 결정한다. 만약 혈기가 왕성하고 고집스러운 스님이 한 분이라도 있어 사전 조율이 잘 되지 않아 공부 시간에 많이 할당할 것을 주장하게 되면 분위기는 금방 숙연해질 수밖에 없다. 그 누가 머리 깎고 먹물옷 입은 처지에 수행을 많이 해야 한다는데 반대할 수 있겠는가. 결국 노련하신 어른 스님이 나서서 젊은 수좌는 달래고, 의지가 약한 스님네는 얼러서 모인 대중에게 적당한 시간으로 결정을 유도하여야 원만히 해결되게 된다.

3

그때도 열네 시간짜리였다. 새벽 두 시부터 밤 열 시 사이까지 공부 시간이 짜였는데, 그 시간 모두를 호흡에 투자했다. 물론 옳게 하는 것인지 그르게 하는 것인지도 모르면서 오로지 정신을 집중하여 하기만 하면 무언가는 되겠거니 하는 생각으로 덤벼댔다.

그렇게 하면서 맞은 나흘째 되던 날에는 전날보다 훨씬 더한 불쾌감을 확실히 느끼면서 시작했다. 새벽부터 엄습한 통증은 분명 시간마다 더해 가고 있음이 분명하였다. 그래도 설마 하는 생각에 괴로움을 참아가며 오로지 호흡 수련에만 신경을 썼다. 그러나 '이것이 아니로구나' 하는 판단이 선 것은 그 다음날의 일이었다. 그날은 새벽부터 도무지 숨조차 제대로 쉴 수 없을 정도로 심한 통증에 시달렸다. 하지만 해야겠다는 결심은 여전했고, 이미 죽음조차 각오해야 했던 고비도 있었는데, 괜한 두려움에 망설일 까닭은 없다고 생각했다. 그러나 확실히 아침보다는 저녁이 달랐고 해가 뉘엿 서산에 걸칠 무렵에는 벌써 크게 그르친 일이 된 줄 비로소 알 수 있었다.

은사 스님께서는 항상 찾아뵐 때마다 걱정이 많으셨다. 스님의 맑으신 혜안에는 나의 모습이 왠지 어설퍼 보이셨으리라. 항상 당부하시기를 "기특한 짓 할 생각은 아예 하지도 말고 오로지 참선 공부에만 열중하라"고 이르셨다. 그런데도 결국 간곡히 당부하셨던 말씀을 소홀히 여기다가 끝내 이 지경에 처하게 된 것이다. 그러나 후회해서 될 일이 아니었다. 때는 이미 늦었다는 생각만 머리속을 어지럽혔다. 몸에서 전해 오는 느낌도 분명 그랬다.

4

호흡 수련을 시작한지 단 닷새 만에 찾아온 증상은 도저히 사람의 일이 아닌 듯했다. 가슴 가득 꽉 차 오르는 통증은 스스로 어지간하다고 자부했던 나였지만 도대체 감당해낼 재간이 없었다. 웬만한 병에는 익숙해 있어서 몸으로 겪어야 하는 일에는 얼마든지 견뎌낼 수 있을 것이라는 것이 평소의 소신이었는데, 이번의 일만큼은 전혀 느낌이 달랐다.

곰곰이 무엇이 잘못되었고 어디서부터가 문제였나를 살피며, 별별 궁리를 다 해보았으나 어떤 해결의 실마리나 묘수도 떠오르지 않았다. 애당초 준비 없이 시작한 일이었으며, 스승님의 당부를 소홀히 여긴 탓이란 생각 말고는 도무지 묘안은 오리무중이었다.

'과연 이 짓을 그만두어야 하나? 아니면 계속 해야 하나?'

생각은 구르다 굴러서 불과 사나흘 전에 온갖 구실을 앞세우며 야심 만만하게 시작했던 패기와 의욕마저 오간 곳 없이 잃어 버린 채 깊은 상념 속에 잠겨 헤어나지도 못할 지경에 이르게 되었다.

5

불현듯 떠오르는 생각이 있었다. '그래도 해야 한다!'는 것이다. 생각은 어느 사이에 십여 년 전에 운동을 처음 시작할 당시까지 거슬러 올라가 있었다. 가냘픈 몸으로 난생 처음 운동을 시작했을 때는 그 얼마나 고통스러워했던가? 몇 날 며칠을 두고 불덩이 같은 몸이 되어 앓고 있을 때 선배들이 내게 무엇이라고 일러 주었던가. 나중에는 나 역시 '처음 할 때는 다 그렇다'고 말해 주었다. 생각이 거기에 이르자 마음이 조금 안정되었다. 그러나 심한 통증은 견디기 더욱 힘들었다. 그러한 고통 속에서도 하루 하루를 이대로 무너져서는 안 된다는 오기로 버텨 보았지만, 대엿새가 지나고 이레가 되어도 상태는 나쁜 쪽으로 기울망정 결코 호전되는 기색이 없었다. 그렇다고 멈출 수도 없는 일이었다. 만약 지금 멈춘다면 평생의 병이 되어 폐인이 될 것이란 생각이 들었기 때문이다. 왜냐하면 평소에 사용하지 않던 근육, 다시 말해서 의도적으로 움직여 보지 않았던 근육을 난생 처음 의식적으로 움직여 놓았으니 지금 몸 속의 상태가 최악일 것이란 생각이 머리속에 가득 차 있었다. 만약 이대로 돌연 멈추고 만다면 돌이킬 수 없는 병을 얻어 마침내는 아마도 사람구실이 다시는 어려우리라는 판단 때문이었다.

6

나는 아직도 그 순간에 내린 판단이 옳았다고 자부한다. 그 동안 나와 같은 경우를 당하고 폐인이 되어 버린 사람을 여러 차례나 보아 왔기 때문이다. 그들 중의 몇몇은 자기가 왜 그 지경이 되었는지조차 모른 채 삶의 낙오자가 되어 근근이 살아 가는 사람도 여럿 있었다. 그런 사람들의 대개는 겨우 하루이틀 사이의 일이지만 몸이 아파 오니까 병이 들었다 생각하고 멈춰 버린 결과 평생의 지병이 되어 버린 것이다.

이치는 자명하다. 우리의 근육은 각기 사용 빈도가 다르고, 단련 기간이나 회복 속도마저 현격한 차이가 있다. 우리가 흔히 사용하는 근육은 과격한 운동 후에 가장 고통스러운 시간이 대체로 삼사 일째이다. 그 다음부터는 통증이 차차 사그라지면서 일 주일이면 거의 이전 상태로 돌아가게 된다. 더구나 평소에 사용하지 않던 근육은 반 년 이상 단련하여야 적응하거나 회복되기도 한다.

나는 체험을 통해 이미 그 이치를 알고 있었다. 그래서 당시에 그런 판단과 결정을 할 수 있었던 것이다. 비록 승려 생활을 시작해서는 그 운동으로 인하여 결코 짧지 않은 시간을 모질게 보냈지만, 두 번씩이나 위기에서 헤쳐 나올 수 있었던 결정적인 계기가 그로 말미암기 때문에 지금도 그 시절을 다행으로 여김에는 변함이 없다.

요가 넷

1

그렇게 고통스러운 나날을 지내면서도 오직 멈춰서는 안 된다는 각오는 여전했다. 일 주일이 지날 무렵쯤에는 이러다가 참말로 죽을지도 모른다는 생각이 간간이 들기도 했으나 그렇다고 걱정스럽거나 두려워하지는 않았다. 오히려 이러다가 죽는 것이 고통을 안고 평생토록 살아가는 것보다는 훨씬 나을 것이라는 생각만 한결 같았다. 두어 번 겪었던 힘든 시간들을 거듭하기도 싫었거니와 지금 겪고 있는 고통의 격렬함으로 미루어 짐작하건대 멈춘다고 무난히 해결될 일이라 전혀 예측할 수 없는 까닭에서이기도 했다. 아마도 내가 이 일을 포기하는 순간부터 일생을 폐인이 되어 살아갈 수밖에 딴 도리가 없을 것이라는 생각만 뇌리에 가득했다.

참아내기 수월치 않은 모진 고통 속에서도 하루 일과를 소홀히 하지 않았으므로 대중 스님들도 나에 대한 별다른 특이점이나 변화를 알아채지 못했다. 더구나 한 철, 석 달이 막 시작 된 때라 대중 스님들 서로간에 얼굴도 채 익지 않았고, 모두가 새로운 각오의 열기가 충천한 때인지라 한가히 주변이나 살피는 여유가 없는 까닭도 있었다.

또한 병이 났다고 하여도 누구의 도움을 받을 수 있는 처지가 아님을 스스로가 너무나 잘 알고 있으니, 묵묵히 시간이 가져다 줄 결과만 기다릴 수밖에 도리가 없었다. 그러나 나날이 절망감만 더해갈 뿐 차도가 있을 것 같은 조짐도 회복될 수 있을 것이라는 가능성도 전혀 비치질 않았다.

자포 자기의 심정에서도 유일한 희망은 오직 스스로의 판단이 옳고 어긋나질 않기를 바랄 뿐, 실낱 같은 요행도 기대하지 못한 채 짙게 어른거리는 죽음의 그림자만을 묵시하였다. 그러면서도 호흡 수련은 옳게 하든 그르게 하든 상관없이 시작부터 해오던 방식을 염두에 두고 혹시라도 호흡의 모양이 방심하는 사이에 변화라도 있을까 우려하며 거기에만 모든 신경을 집중하였다.

2

그러던 어느 날 새벽, 별다른 기색을 살필 생각도 않고 평소와 다름없이 수식관만 열심히 했다. 그런데 막혔던 숨통이 찰나간에 확 뚫린 듯이 그렇게도 모질게 답답했던 가슴이 갑자기 후련해지면서 비교할 바가 없다 여겼던 고통마저 홀연히 사라져 버린 것이다. 기분마저 상쾌했다. 진정 이 날이 있을 줄은 그간의 사정으로는 감히 상상조차 할 수 없었지만 부지불식간에 모든 고통이 사라져 버린 것이다. 이런 느낌을 황홀하다 남들은 말하는가? 형용할 수 없는, 도저히 사바 세계의 일이 아닌 듯했다. '이젠 살았구나!' 하는 생각이 번개처럼 뇌리를 스쳐갔다. 마치 몸통 속은 텅 비어버린 것 같았고 들어오는 숨도 나가야 할 숨도 없는 고요함뿐이었다. 몸 속에서는 다만 유유히 회전하는 기운만이 느껴질 뿐이었고 내가 해야 할 숫자 헤아리는 일마저 돌연 없어진 것이다. 할 일마저 없게 된 나는 없어도 좋았다. 시간의 흐름도 알지 못하고 아무런 할 일도 없어져 버린 나는 자신마저 잊은 채로 마냥 그렇게 새벽 나절을 보냈다. 주변의 기척을 느끼고 내게로 돌아왔을 무렵, 문득 그렇게 지낸 날을 헤아려보니 어느덧 삼칠일, 즉 스무하루 날째였다.

3

여느 때와 달리 아침 공양을 하러 가는 발걸음은 나는 듯 가벼웠고 한겨울 새벽 공기는 너무나도 신선했다. 바로 어제 저녁, 아니 새벽녘 눈을 뜨면서도 오늘의 이 일이 있으리라고는 예상도 못했었다. 콱 조여든 숨통은 언제 막혀 버릴지 몰랐고, 설마 죽기는 하겠느냐고 짐짓 생각하면서도 악몽과 같은 시간의 종점은 감을 잡을 수조차 없었다. 하지만 이미 눈 뜰녘의 내가 아님은 두 말할 나위가 없다.

공양을 마친 휴식 시간에도 새벽녘 여운은 몸을 은은히 감싸고 있었다. 잠시 마음을 정리하며 '이제 무엇을 어떻게 해야 할까?'를 생각했다.

4

사실 그 철에 모신 선원장 스님은 스님들 사이에서도 그 분에 대한 일화가 항상 주제가 될 정도로 수행력이 남다른 분이었다. 더구나 호흡에는 가장 확실한 경험을 일찍부터 하셨다고 거의 모두가 알고 있는 터였다. 물론 그 회상은 덕이 높으신 조실스님이 상주하심으로 많은 대중이 모였음은 말할 여지도 없다. 그럼에도 불구하고 마땅히 가르침을 받아야 도리였겠지만 죽음을 넘나드는 상황 속에서도 전혀 도움조차 구하지 않은데에는 나름대로의 이유가 있었다.

앞에서 말했듯이, 선방의 오랜 전통이 그렇지 않은 줄 뻔히 알면서 남다른 짓을 여쭈어 보았자 어른들 노파심에는 결코 허락될 것 같지 않았다. 공연히 긁어 부스럼만 만드는 격이 되고 말 것이라는 생각이 앞섰던 것이다. 그러나 일단 고비는 넘긴 듯하고 공부를 위해서라도 가르침을 청해야겠다는 생각이 슬며시 일어났다. 어른 스님 방으로 찾아가서 자초지종을 말씀드리고 이제 어떻게 해야 할지를 여쭈었다. 그때 큰스님께서는 "수식관이 그른 수행법이 아니나 수좌가 화두를 의지해서 육칠 년의 세월을 수행해 왔다면 다시 그것을 버리는데도 그만큼의 시간이 필요할 겁니다. 다시 화두를 들도록 하시오" 하셨다. 순간적이나마 수식관을 하지 말라는 말씀에 갈등이 뇌리를 스쳤으나, 내가 가르침을 구한 이상 어른의 말씀을 존중해야 도리라는 생각이 들어 예의를 갖추고 물러 나왔다.

몸과 마음을 가다듬고 큰스님의 말씀을 되뇌이며 수식관을 멈추고 화두를 다시 들었다. 하지만 몸만큼은 예전의 것이 아니었다. 아주 감미로운 호흡은 계속되었고 오히려 예전보다 더 자연스럽다는 생각이 들 정도로 편안한 느낌은 계속 되었다.

이렇게 경험한 육신의 내적 변화는 나에게 깨우쳐 준 바가 많았다. 한철 석 달을 보내면서, 평소에 갖고 있던 잘못된 알음알이와 특히 건강에 대한 소신들이 얼마나 부질없고 어리석은 일이었나를 생각하면 부끄럽기 짝이 없었다.

요가 다섯

1

불교를 깨달음의 종교라 흔히 말한다. 이 말을 처음 한 사람이 누구인지 알지 못하듯 나는 이 말이 무엇을 뜻하는지 정확히 모른다. 하지만 이 말은 아마 "궁극에 진리를 깨우치는 일만이 가장 고귀하고 참된 가치가 있는 일이다"라는 부처님의 가르침이 불자가 받들어 행해야 할 바라는 뜻은 아닐까? 그래서 불교를 말할 때에는 항상 부처님, 진리, 깨달음 등등 그 외에도 이에 상관된 많은 단어가 주제가 되어 이야기가 이루어진다. 어려운 얘기가 되겠지마는 이것들을 한 마디로 뭉뚱그리면 '과연 부처란 무엇인가'로 대변된다. 이것을 '화두'라고 하며, 모든 스님과 재가 불자들이 한결같이 참구하여 해결해야 할 가장 중요한 과제로 여긴다.

왜냐하면 부처님, 진리, 깨달음 그 외에도 열반·해탈 등의 뜻도 모른 채 불교를 말해 보았자 그것은 난센스이지 결코 그 이상은 아니기 때문이다.

2

나는 깨달음이란 단어를 두고 '모순 극복'이라는 뜻을 들어 설명하기를 좋아한다. 왜냐하면 몰랐을 때에는 모든 것이 신기하고 묘하게 여겨지다가도 알고 나면 방금 전에 내가 그렇게 생각했었나 할 정도로 기분이 완전히 다름을 한두 번은 경험했을 것이다. 그리고 의심이나 궁금증이 치성할 때는 두려움으로 몸을 떨다가도 이치를 알고 나면 '아, 그랬었구나' 하며 별것도 아닌데 하는 기분으로 멋쩍어 했던 기억 또한 몇 번쯤은 있었을 것이다. 이렇듯 이치를 깨우침으로써 어떤 일에도 현혹되지 않을 수 있기 때문이다.

내가 이 글을 쓰는 까닭은 운동보다는 단전 호흡이 좋고, 그것보다는 요가가 낫다는 말을 하려 함이 결코 아니다. 가끔 여기에 대해서도 질문을 받기도 하고 머리를 깎고 먹물옷을 입었으니 어쩔 수 없이 당하는 일이기도 하지만 "스님, 무엇을 하면 가장 좋겠습니까?"에 대한 답변을 해야 될 경우가 있다. 그럴 때마다 항상 "이 세상에 가장 좋다는 것이 있으면 제게 알려 주시오. 제가 먼저 해보고 참말이면 연락해 드리리다"라고 말을 한다.

나는 아직도 무엇이 이 세상 사람들에게 가장 좋은지 정녕코 알지 못한다. 따라서 무엇인가 물어 오면 그럴 때마다 사람들이 각각 좋다고 하는 것들 몇몇 가지에 대하여 연유를 밝히고 이해를 도와 좀더 당당하고 떳떳한 삶을 영위하는데 나의 알량한 지식과 경험이 도움이 되었으면 하는 바램으로 대화를 하기도 한다.

3

장황하게 늘어놓는 호흡의 경험을 나는 '무엇이다'라고 말하길 아직까지 주저한다. 그 까닭은 대개의 사람들이 별나 보이는 이름을 들으면 큰 착각에 빠져 판단을 그르치는 것을 흔히 볼 수 있기 때문이다.

굳이 이름을 붙인다면 신분이 승려인 사람이 하면 수식관이 되고, 도포 입은 사람이 하면 단전 호흡이라 할 테고, 그냥 하면 복식 호흡이지 어떤 이름에 꼭 맞는 무슨 모양새가 달리 있는 것이 아니라는 말이다. 무엇이 되었든 간에 그 일이 있은 후에 이것이 무엇이기에 이런 혹독한 과정을 숨긴 채 뭇사람을 현혹하는가에 나에 관심이 모아졌다. 이렇게 시작된 탐구는 나에게 여러 관점에서 사물을 관찰하는 계기를 마련해 주었고, 다양함 속에서 하나로 꿰뚫은 이치를 보게 하는 데까지 이르렀다.

4

단전 호흡을 선전하는 사람들은 흔히 주장한다. "이것을 수련하면 만병을 다스릴 수 있어서 건강은 말할 것도 없고, 며칠 아니 불과 몇 시간 만에 과거와 미래를 알게 될 뿐만 아니라 멀리 떨어진 곳의 일을 보고들을 수 있는 능력이 생긴다."라고.

현대 의학이나 과학도 이젠 인간이 갖고 있는 기질의 다양성에 관심을 두고 연구하는 시대가 되었다. 이미 어떤 사람에게는 천부적 소질인 것이 다른 사람에게는 아무리 그 성과를 염두에 두고 수련에 몰두하여도 전혀 낌새조차 알아차리지 못할 수도 있다는, 통계 숫자를 제시할 수 있는 수준까지 온 것도 인정해야 할 사실 중의 하나라고 할 수 있다. 이런 현실에서 우리 주위에서는 아직도 단지 남의 얘기에 솔깃하여 아무런 예비 지식도 없이 시작하여, 금전적 손실은 물론, 일생을 망치는 경우를 보면 인간의 욕심과 무지의 깊이를 새삼 실감하게 된다.

5

이 글을 쓰는 또 다른 이유는 건강에 대한 개념을 한 번 정리해 보자는 취지에서다. 평소 대화에서도 곧잘 복식 호흡, 단전 호흡을 비롯하여 그 밖의 다양한 것이 주제로 떠오르곤 한다.

지금부터 하려는 나의 이야기는 어느 한 가지 장점만을 강조하지 않고 다양한 테크닉의 요소가 우리에게 이바지하는 이치를 설명하여 이해를 도우려 한다. 또한 일상 생활 중에 각자가 이미 자연스럽게 익힌 일이나 자신만의 소질과 취향의 장점을 살려 스스로를 관리할 수 있도록 하는데 관심 갖기를 권유한다. 이 길만이 한쪽에 치우쳐 생기는 장애를 미연에 방지할 수 있으며, 정신적으로나 물질적으로 손실이 없기 때문이다.

6

단전 호흡하면 맨 먼저 신선들의 수행 방법이라는 생각이 떠오르리라 여겨진다. 더 나아가 신선들은 먹지도 않고 천년 만년 산다는 얘기 정도는 익히 들어서 잘 알고 있을 것이다. 더구나 어릴 적에 할머니 할아버지의 무릎을 베고 듣던 구수한 옛날 얘기 속에서의 신선들은 상상의 날개를 끝

없이 퍼덕이게 하였다. 나 역시 그런 정서 속에서 있었음은 두 말할 여지도 없다.

승려 생활에 익숙해질 무렵 나는 몇 가지 원칙을 세웠고 아직까지도 신조가 되어 실천하고 있는 것이 있다. 그 중에 첫번째는 차를 마시지 않는다는 것이요 두 번째는 염불을 하지 않는다는 것이다. 셋째는 최소한의 음식으로 살리라는 것이고 넷째는 그러기 위해서는 나의 건강은 반드시 스스로 책임져야 한다는 것이었다. 이 중에 뒤의 두 가지 신념을 확고히 할 수 있는데에 신선 사상으로부터 많은 영감을 받은 것은 숨길 수 없는 사실이다.

7

불법은 죽지 않는다거나 하는 영생 따위를 얘기하는 그런 가르침과는 완연한 차이가 있음은 주지의 사실이다. 대체로 종교가 그런 가르침을 내세워 혹세무민하는 것이 현실인 이상, 그것이 종교에 대한 일반적인 정의라면, 불교만큼은 종교이기를 거부한다는 것은 나의 오랜 불교적 신념이다. 사실 부처님도 당시에 유행하던 신앙과 종교관에 동의를 하지 않으셨다. 오직 중생의 눈을 뜨게 하여 더 큰 미혹에 빠지지 않게 하시고자 애쓰셨을 뿐임엔 두말할 나위 없다. 그런 분이 자신의 가르침이 다시 종교나 신앙이라 불리길 원하셨겠는가 말이다.

태어나면 반드시 죽을 수밖에 없는 것이 당연지사이듯, 존재하는 것은 필연적으로 없어진다는 사실을 전제로 한다. 과연 극락과 천당이라고 불리는 세계는 우주 안팎 그 어느 곳에 있기에, 태어나 죽지 않는다고 믿으며 더욱이 영원히 존재하리라 어리석게 우겨대느냐는 것이 부처님 가르침의 기반이다. 그러고 보면, 진리란 만고에 통하는 법칙을 일컬음인데, 어찌 어딘가에 존재한다는 극락이며 천당만은 부서지거나 무너지지 않는다 주장하며 영원하다 할 것인가. 그러므로 부처님께서는 그런 믿음은 한낱 미혹의 소산일 뿐 허무 맹랑하기 짝이 없는 헛소리에 불과하다고 밝히는데 주저함이 없으셨으니, 과연 부처님의 혜안으로 나타난 참된 진리임을 부정할 수 없다.

8

불교 경전에서도 누누이 설해지듯 천년 만년 혹은 그 이상 우리 사바 세계의 중생이 영원하다고 여기리만큼 장수하는 세계가 없다는 말은 전혀 아니다. 하루살이란 놈이 비오는 날 태어나면 세상은 비만 오다가 끝나는 줄 안다는 말이 있다. 이 말은 자신의 인식의 한계를 단적으로 드러낸 비유라 할 수 있다. 하지만 이런 하루살이가 여름 한철을 난다는 나비를 보면 무슨 도를 닦는지 궁금해한단다. 한해살이 참새를 보면 너무도 기막혀 하고 인간 백년 삼만 육천일은 도저히 납득이 안 간단다. 그러니 천년을 살고 만년을 산다는 학과 거북의 삶은 하루살이에게는 무량수의 세계요 영생이라고 할 수밖에 없지 않겠는가! 왜냐하면 하루살이에게는 그런 숫자가 없기 때문이다. 그러므로 영생과 무량수의 뜻이 결코 죽지 않는다는 말이 아니라는 것이다. 부연 설명하면 중생이 스스로의 미혹과 욕심으로 만든 허구의 세상일뿐 말뜻과 같이 영원한 곳은 존재계에는 없다는 것이다.

9

우리 인간의 수명은 현대 과학과 의학에서도 환경과 섭생 등의 영향에 따라 얼마까지는 늘릴 수 있다고 주장한다. 그런 관점에서 보면 이 몸으로 천년 만년 살 수 있다는 신선들의 일화가 너무 지나치다는 느낌은 부정할 수 없지만 꼭 터무니없다고도 할 수 없다. 또한 먹지 않고 산다는 얘기도 근거는 충분하다. 가령 인도 사람은 인간의 수명은 호흡에 비례한다고 주장한다. 그러므로 짧은 호흡을 하는 사람보다 긴 호흡을 하는 습관을 갖고 있는 사람이 장수한다고 생각했다. 그래서 그들은 호흡의 길이에 관심을 갖고 수련법을 연구 개발하여 크게 발전시켰다. 주장대로 인간의 수명이 호흡의 길이에 비례한다면 대체로 성인의 호흡이 일 분에 열일곱 번이라고 할 때, 수련으로 인하여 한 번의 호흡 길이가 일 분이 된다면 당연히 열일곱 배의 수명이 된다 할 것이다. 단순히 이런 계산으로 천 년 정도의 수명은 인도인들에게는 가능한 일이라 생각된 듯 싶다. 물론 그들의 고대 서적에는 더 정교한 이론이 확립되어 있다. 하지만 중국의 신선도 사상도 역시 그것과 크게 다르지 않다고 해도 어긋나는 말은 아니다.

이는 내 인식의 범위에서의 일이다. 하지만 오대양 육대주에 이와 같은 장수에 관한 사상이 분포되지 않은 곳이 없다고 하는 것을 보면 이미 오랜 옛날부터 수명에 관하여 인간의 관심이 얼마나 지대하였는지 충분히 짐작할 수 있다. 그러므로 인도와 중국에 전래된 사상을 주로 화제로 삼는다 하여 그들만의 것이라 굳이 이해할 필요는 없다는 점을 먼저 밝히고 싶다.

10

불경 가운데 전체의 글자 수가 260여 자에 불과하여 경전 중에서 가장 짧으면서도 팔만 대장경의 핵심적인 내용이라고 알려진 『마하반야바라밀다심경』이라는 경전이 있다. 줄

여서 『반야심경』이라고도 하는데, 앞부분에 "색불이공 공불이색, 색즉시공 공즉시색"이라는 구절이 있다. 나는 공교롭게도 여기서 신선 사상을 심도 있게 이해하였다. 불교에서 '색'을 얘기할 때 '물질'을 말한다고 보면 그다지 틀리지 않는다. '공'은 '색'의 반대 개념이다. 보이지 않는 '무엇'. 그러나 언제라도 물질화할 수 있는 것을 의미하는데, 과학적 용어를 굳이 빌리자면 '공간 에너지'쯤 될 것이다. '색불이공 공불이색'에서 '불이'는 '아니 불' 자와 '다를 이'자로서 '다르지 않다'는 뜻을 갖고 있으며, '색즉시공 공즉시색'에서 '즉시'는 '곧 즉'자와 '이 시'자로서 '그것이 곧 이것이다'라는 뜻이다. 길게 풀이하면 '색은 공과 다르지 않고 공 또한 색과 다르지 않으니, 색이 곧 공이요 공이 곧 색이다'라는 말이다. 보고자 해도 볼 수 없는 공간 에너지의 반대 개념인 '색'은 형상으로 나타나 볼 수 있는 모든 것을 말하는데, 의미를 좁혀서 우리가 일상에 먹어야 하는 음식물을 주제로 삼아 살펴보면 이해가 빠를 것이다.

11

음식물은 본디 그 형태 그대로 있었던 것이 아니다. 음식물은 시절과 인연에 맞춰 스스로 발생한다. 인위적이라 하더라도 그것도 시절 인연임엔 분명하다. 그 시절 인연이란 또 무엇일까? 공간 에너지의 집합을 가리키는 말이다. 그런즉, 음식물의 근본이 공간 에너지라면 인간이 음식물을 통해 원기를 흡수하는 간접 방식이 아닌, 공간 에너지를 직접 흡수 할 수 있는 통로만 확보할 수 있다면, 먹지 않고 산다는 말이 얼마든지 가능성이 있다. 덧붙여 설명하면 음식물은 그것이 무엇이든 만져지지 않고 잡아 볼 수도 없는 것들이 모여 이루어진 것들이다. 가장 기초 음식물인 곡물, 채소, 과일 따위도 햇빛과 공기, 땅기운과 습기 등이 어울려서 발생되는 것이라는 말이다. 그러므로 '음식물은 모든 기운이 모인 것이니, 뭇 기운은 음식물의 뿌리이다. 그래서 음식물은 모든 기운과 다르지 않고, 모든 기운은 음식물과 다르지 않으니 음식물이 곧 모든 기운과 같고, 모든 기운이 곧 음식물과 같다'는 뜻이다. 이쯤에서 이해가 되었다면 먹지 않는다는 말은 음식물을 먹지 않는다는 뜻이긴 하지만 아무 대책 없이 산다는 말이 아니라는 것은 아련하게나마 감이 잡혔으리라 생각된다.

이것을 현대 과학에서는 에너지 보존 법칙, 에너지 불멸의 법칙 차원에서 증명한다. 하지만 이천오백년 전에 부처님은 벌써 제자들에게 밝혀 놓으셨다. 그렇다고 이 일이 어찌 불법이 만든 일이겠는가! 부처님께서도 친히 말씀하시길 "이미 있던 법이며 이 후에도 있을 법일 뿐 내가 만든 법은 아니다"라고 하셨다. 그러므로 이 일을 다른 사람인들 생각해 내지 못할 까닭이 전혀 없다. 이런 시각으로 보면 그 외의 많은 지역에서 다양한 방식으로 전래되어 오는 신선도류의 사상들이 전혀 터무니없다고 말할 수 없다.

12

어떤 사람이 일생에 한 가지 소원은 들어 준다는 신을 모셔놓고 기도를 잘한 덕분에 오래도록 죽지 않고 살 수 있게 되었다. 그 한 가지 소원은 물론 죽지 않는 것이다. 하나둘 옛 친구가 먼저 갈 때까지는 몰랐는데 자식에 며느리 손자가 앞서 가니 그제야 자기의 소원이 고약한 줄 알았다는 얘기가 있다. 결국 터무니없이 오래 사는 것도 마냥 좋은 일은 못된다는 얘기이다.

불법에 가장 이상적인 모델은 '현신 성불'의 사상이다. 이 몸 그대로 부처가 된다는 말이다. 혹자는 "부처님이 되면 불생 불멸 한다"더라 하는 말만 듣고 부처가 되어서 죽지 않고 버텨 보자 하고 절에 다니는 사람도 있는 것 같다. 그런 미망 때문에 절에라도 오게 되니 탓 할 수야 없다. 태어나서 죽지 않을 수 없고, 생겨서 없어지지 않을 수 없다는 것이 부처님의 가르침인 이상 그렇게 믿는다고 죽지 않거나 없어지지 않을 까닭이 없지만, 이 몸 그대로 부처가 못되고 죽어서나 된다면 누구인들 못할 것인가? 정녕코 긴요한 일은 죽은 조상 좋은데 보내는 일이 아니라, 감옥에서도 교화

하지 못하는 사람 바른 삶으로 이끌어 주는 일이요, 미혹한 중생 속히 환하게 깨닫게 하는 일임은 두말할 여지가 없다. 그러자면 내가 바른 법을 깨닫지 않고는 불가능한 일이다. 부처님은 깨달은 사람들의 대명사이지 역사상의 인물을 가리키는 고유 명사만은 아니다. '현신 성불'하여 사바 세계에 어둠을 밝히는 한 줄기 빛이 되지 못한다면 죽은 후의 일이야 말해 무엇하겠는가?

이쯤이면 안 먹고 사는 법 배워서 천년 만년 살자는 뜻으로 하는 이야기가 아님은 충분히 이해하였으리라 여겨진다. 다만 터무니없다고 여겨지는 일이더라도 이 이치를 한 번쯤 이해하고 나면 스스로의 잘못된 습관이나 고정 관념을 극복할 수 있게 된다. 또한 건강하고 행복한 삶을 영위하는데 이바지하여 보람차고 가치 있는 인생이 될 것이다.

13

신선도의 많은 수련법 가운데 호흡법은 대단히 중요한 위치를 차지한다. 그래서 신선도하면 단전 호흡, 단전 호흡하면 신선도를 연상하게 된다. 단전이란 한의학에서 사용되는 용어로서 인체의 한 부분을 가리키는데, 해부학상으로는 인정받지 못한다. 하지만 양생학에서는 자주 쓰이는 용어이다.

남자와 여자의 단전은 위치 뿐만 아니라 부르는 이름도 각기 다르다. 명칭에서 풍기는 느낌부터 의미 심장하다. 남자의 단전 위치는 배꼽에서 치골 사이를 삼 등분하여 배꼽 아래 삼 분의 일 되는 지점이다. 이를 '기해 단전'이라 하는데, 곧 기운의 바다라는 뜻이 된다. 이곳이 충실하여야 남자다운 기백을 갖출 수 있다고 믿는다. 여자는 삼 분의 이 되는 지점에 위치하며 '관원 단전'이라 한다. 모든 기관에 으뜸이 된다는 뜻이므로 관원이 충실하면 오장 육부가 조화를 이루어 무병 장수 한다고 여긴다. 이런 믿음을 바탕으로 한 단전 호흡법은 단전을 중점적으로 단련함에 목적을 둔 것은 당연지사이다.

동서양을 막론하고 수련의 정의는 집중적이고 반복되는 행위를 뜻한다. 단전 호흡 역시 단전을 강화하기 위하여 집중적이면서 반복적으로 배의 근육을 움직이며 호흡을 병행한다. 단련된 단전은 그들이 목적한 바를 성취하는데 있어 필수적이므로 최우선의 선결 과제가 되는 까닭도 이 때문이다.

14

단전 호흡을 주제로 한 책 표지에 쓰여 있던 글이 문득 생각난다. "잘 되면 신선이요 못 되도 건강은 남는다." 전혀 그른 말은 아니지만 내용은 그렇지 않았다. 단전 호흡에 관해 쓴 책 한 권이 온통 이것을 하면 어째서 좋고, 어떤 신기하고 묘한 일이 있다는 등의 현혹적인 내용이었다. 그 책 전체를 아무리 읽어 봐도 어느 부분에서 힘든 과정을 겪을 수 있다거나 잘못되면 극복하기 어려운 상황이 올 수도 있다는 구절은 찾아볼 수 없었다. 실제로 깊은 경험을 해본 사람의 입장에서 쓰여진 글이 아닌, 유행에 편승하여 장삿속으로 만들어진 글임이 자명하다. 잘못되면 인생마저 아주 망쳐버릴 뿐인데도 말이다.

세상사 어디를 살펴보아도 그저 좋기만 한 일은 약에 쓰려도 없다. 무슨 일이 되었든 과정 중에는 반드시 어려움과 난관이 있기 마련이다. 혈기는 충천하나 아직도 세상사에 경험이 부족하고 판단마저 흐린 어리고 미숙한 젊은 사람들도 많이 있다. 그들을 생각해서라도 반드시 그로 인해 겪게 되는 어려움을 자세히 밝히고 인내심으로 극복할 수 있다는 용기를 갖게 하는 것이 글쓰는 이의 바람직한 자세라고 생각한다.

단전 호흡은 앞에서도 밝혔듯이 배의 근육을 호흡에 일치시켜 움직이며 하는 호흡을 말한다. 그럴 때마다 횡격막도 동시에 위아래로 운동을 하게 된다. 횡격막은 몸통 가운데에 가로로 걸쳐 있다 하여 가로막이라고도 하며, 가슴 부분과 배 부분을 나누는 근육성 조직이다. 근육성 조직이라는 말에서 알 수 있듯 횡격막은 운동 능력이 있으나 의존적인 생활 탓에 신체 조직 한 부분으로만 존재하게 되었다. 그러나 해부학적으로 보아도 횡격막은 인체에서 대단히 중요한 위치에 있다. 근육성 조직인지라 평소에는 잔뜩 오므라들어 있다. 그 모양은 마치 바가지를 뒤집어 놓은 듯이 허파의 밑 부분을 떠바치고 있다. 그러므로 의식적으로 심호흡을 하게 되면 허파가 확장되면서 횡격막을 아래로 내리누르게 된다. 이때 배는 자연스럽게 앞쪽으로 밀려나가야 한다. 숨을 내쉬면 허파가 오므라들면서 횡격막도 제자리를 찾게 된다. 이때 배도 자연스럽게 따라 들어가야 되겠지만 배의 앞부분을 의식적으로 움직여 본 경험이 없는 사람은 마음과 같이 움직여지지 않음을 알 수 있을 것이다. 그러므로 호흡할 때 사용되는 배의 근육을 단련하여 자신의 의지대로 사용할 수 있어야 제대로 된 호흡을 할 수 있다. 따라서 배에 의식을 집중하고 수련한다 하여 복식 호흡이라고도 하는 것이다.

15

이십이 채 안 된 나이에 오직 스스로의 건강 관리 차원에서 시작한 운동으로 벌써 삼십 년 가까운 세월을 보냈다.

그 동안 여러모로 느낀 것도 많다. 그 중의 한 가지는 참으로 인체의 조직이 생각 이상으로 정교하다는 점이다. 아무리 단련시켜 논 근육이라 할지라도 조금만 더 움직여 주면 그 다음 날은 반드시 그에 대한 반응이 온다. 운동량이 적거나 또는 평소에 한다 하더라도 운동량이 많지 않은 사람들은 못 느낀 점인지는 모르겠으나 내게는 분명 그랬다.

흔히들 '절에 가면 부처님께 절을 많이 해야 한다'고 해서 절이라 한다는 말이 있듯이 절을 예로 들어보면 백팔 배를 일과로 하다가 어느 날 몇 십 배 정도만 더 하여도 반드시 다음날은 다리가 전과 같지 않음을 느낄 수 있다. 요가의 비틀기 동작도 마찬가지이다. 매일 하던 각도에서 조금만 더 틀어 주어도 다음날은 분명 그 부위의 느낌이 다르다. 이처럼 미세한 근육을 아무런 예비 지식 없이 움직였다가 몸이 보이는 반응에 당황하는 것은 흔히 있을 수 있는 일이다. 더구나 평소에 의식적으로 사용해 본 경험이 없는 부위를 단련할 때에 겪게 되는 일은 두 말할 필요조차 없다.

이와 같은 일 따위는 호흡 수련 중에도 반드시 겪게 된다. 수련의 강도가 얼마만큼이냐에 따라 다르게 반응할 뿐이다. 복식 호흡에 사용되는 근육은 아주 가끔 자신도 모르게 움직여질 때도 있다. 가령 심호흡을 할 때나 짧은 순간에 격렬한 운동을 했을 때 움직인다. 그 외에는 평소에 거의 쓰이지 않는 부위이다. 이는 편리 지향주의적이고 의존적인 생활 습관이 가져온 결과이다.

텔레비전에서 씨름 중계를 할 때 보면, 선수들이 한판 심하게 겨루었으나 승부가 없어 계속 마주잡은 채 숨을 고를 때, 그들의 격렬히 움직이는 배를 유심히 관찰하면 이해가 쉽다. 그렇게까지 움직일 수 있는 근육인 줄도 모르다가 갑자기 움직이게 되면 조건 반사로서 당연히 반응을 보이지 않을 수 없는 것이다.

16

그러면 단전 호흡이 어떠한 효과를 발생시키기에 신선도 사상에서 가장 단단한 기반이 되었는지 생각해 보도록 하자.

세계적으로 건강에 대한 관심이 보편적인 학문으로 자리잡은 나라로 일본을 따라갈 나라가 드물 것이다. 일본인은 특히 숙변이란 것이 건강을 좌지우지할 정도로 지대한 영향을 끼친다고 본다. 그러므로 그들의 건강 이론에는 항상 숙변이 등장하는데, 이 숙변의 개념은 어머니 태중에 있을 때부터 내장 속에서 잔류해 온 노폐물을 말한다. 숙변의 비슷한 말로 태변이라는 말이 있다. 하지만 그 말은 전혀 다른 것을 지칭한다. 숙변이란 내장 안벽에 마치 이끼가 낀 듯 존재한다고 한다. 비슷한 현상은 싱크대 하수구 안쪽에서 보거나 느낄 수 있는 미끈거리는 물때를 연상하면 틀리지 않는다. 이것이 오랜 식습관과 운동량 부족으로 두텁게 자리하면 자연히 만병의 온상이 되어 건강을 해친다고 보는 것이다.

그러므로 일본인들은 이 숙변을 어떻게 하면 완전히 배출할 수 있을까에 대해 연구를 거듭하였다. 그 결과 어엿한 체계를 갖춰 학문의 한 분야로 자리잡게 된 것이다. 숙변을 몸 밖으로 배출할 수 있는 방법에는 여러 가지가 있는데, 단식도 그 중의 한 방법으로 이용된다. 단식 또한 다양한 방식으로 행해지지만 대체로 물만 먹을 뿐 다른 음식물은 섭취하지 않는 것을 원칙으로 한다. 사람 몸에 음식물이 들어가면 완전히 소화가 되고 배출하는 데까지 걸리는 시간은 48시간이 채 안 된다. 단식 후 일 주일쯤이면 아주 탁한 배설물이 나오는데, 그 양이 무려 한 양동이에 이르니 까닭을 모르면 불가사의한 일이라 여길 수밖에 없다. 이것이 바로 숙변의 정체이다. 이렇게 대단한 양의 숙변은 당연히 내장벽에 붙어 존재할 것임에는 두말할 필요가 없다. 그러므로 그들은 이런 관점에서 숙변을 배출하지 않고는 아무리 영양가 있는 음식과 몸에 좋은 보약도 소용없으며, 여전히 갖가지 질병에 시달릴 수밖에 없다고 주장하는 것이다. 현대 의학에서도 이 점을 중시하여 클리닉센터에서 약물과 기구를 사용하여 짧은 시간 안에 숙변을 배출하게 하기도 한다. 그러나 이런 좋지 못한 현상은 분명 바람직하지 못한 생활 습관이 가져다 준 결과임은 아무리 강조하여도 지나치다 할 수 없다. 그렇다면 어떤 약물과 기계의 도움으로 해결하겠다는 안이한 생각은 순간적으로 잠시 시각적인 효과를 가져다 줄지 몰라도 결코 근본적인 해결책이 될 수 없다는 점은 꼭 명심해야 한다.

왜냐하면 구르지 않는 돌은 이끼가 낀다는 속담에서도 잘 알 수 있다. 그것은 곧 일상의 결과라는 말이다. 그러므로 일상적인 생활의 변화 없이는 아무리 훌륭한 물리적 도움을 받더라도 반복되는 현상은 계속 되풀이 될 수밖에 없음은 너무도 자명한 이치이다. 그러나 구르는 자갈에는 이끼가 끼지도 않거니와 낀 이끼도 벗겨지지 않겠는가? 바로 이 점이다. 단전 호흡을 반복적으로 수련하는 과정에서 알고 하든 모르고 하든, 기대를 하든 하지 않든 간에 인체 안의 내장 기관이 서로 마찰을 일으킴으로써 뱃속 내장의 벽에 모질게 늘어붙어 있던 문제의 숙변은 당연히 떨어져 나오게 된다. 그러면 고질적인 질환의 근거지가 자연스럽게 소멸되는 것이다. 결과적으로 백약의 도움도 소용없던 몸이 전과 같지 않게 활력을 되찾게 됨은 물론이고, 청결해진 내장은 소량의 음식물로도 몸에 필요한 영양소를 충분히 섭취할 수 있어서 자신의 건강을 비로소 확신할 수 있게 됨은 불을 보듯 뻔한 이치이다. 이런 까닭에 단전 호흡이 발생시키는 기능적 작용을 높이 평가하는 것이다.

17

'무엇이 완벽일까'에 대해서는 좀더 깊이 생각해 보아야 한다. 그러나 만약 그 이치에 상응하는 완벽한 조건을 갖춘 신체가 될 수만 있다면 바로 『반야심경』에서 설해진 짧은 구절의 이치와 같이 음식물에 의존하지 않더라도 얼마든지 공간 에너지에서 필요한 요소를 직접적으로 획득할 수도 있다는 점도 추리해 내기 어렵지 않을 것이다.

우리는 가끔 "먹는 것도 없는데 왜 그리 살이 찌는지 모르겠어"라는 말을 자주 듣게 된다. 그렇게 말하는 이들의 말이 거짓이라고 단정할 까닭이 없는 것은 사람 저마다의 기질이 다르듯 이렇게 말하는 이는 이미 태생이 그런 체질이라고 봐도 좋고, 원한 바도 없고 수련조차 한 일이 없지만 음식물이 아닌 공간 에너지를 충분히 흡수할 수 있는 능력이 자신도 모르는 결에 있거나 생겨서 일어난 현상일 수도 있다. 물론 누구를 막론하고 해당되는 일은 아닐지라도 이런 까닭을 근거로 하여 짐작하건대 음식물을 먹지 않고도 살 수 있다는 이론만큼은 전혀 터무니없는 일이 결코 아니라는 것이다. 그렇다면 알고 수련하는 가운데 몸소 체험할 수 있는 일임을 굳이 부인한다는 것 또한 옹졸하기 짝이 없는 짓이라 말할 수 있다.

요가 여섯

1

수식관을 하며 힘든 고비도 있었지만 그만한 가치가 있는 소중한 체험이 되었음은 두말할 나위가 없다. 특히 호흡 수련의 기술적 방법이 어떤 효과를 가져오는지에 관한 이해는 나의 잘못된 오랜 생활 습관마저 주저 않고 바꾸게 하는 결정적인 계기가 되었다. 그러므로 건강에 관하여 그토록 고집스레 믿어왔던 생각들이 완전히 뒤바뀌게 된 것도 그 무렵의 일이었다. 마치 자동차의 성능이 겉모양에 있지 않고 엔진 등 부속의 상태가 판단 조건이 되듯 우리 인체도 근육의 발달 정도나 외형적인 모습이 건강을 판단하는 척도가 될 수 없고, 오장 육부의 조화로움이 절대적 기준이 된다는 점을 그때 비로소 사무치게 느꼈기 때문이다.

2

인간은 성인을 기준으로 할 때 신체의 크고 작음에 차이 없이 인체 내의 혈액량은 대략 4 내지 5리터의 피가 있다고 한다. 이 혈액 가운데 사 분의 일은 머리로 흘러 들어가고 또 그만큼의 혈액은 팔과 다리 등 사지의 활동에 쓰여지는데 나머지 반 가까운 양의 피가 몸통 안에서 사용된다. 특히 뱃속에서 이용되는 혈액은 각 내장 기관들의 벽에 분포된 실핏줄을 돌며 각종 영양소를 흡수하여 적재 적소에 배분하거나 노폐물을 배출하는데 필요한 임무를 수행한다. 그런데 인체 구조는 결코 혈액이 순조롭게 임무에 충실할 수 있도록 되어 있지 않다. 왜냐하면 인간의 일상 생활은 수면 시간을 제외한 대부분의 시간을 몸통을 세운 채 지내게 된다. 다시 말하면 인간은 직립 동물이라는 점이다. 그런데 많은 양의 피가 뱃속에서 활동함에도 불구하고 인체의 순환 펌프인 심장 위치는 훨씬 위쪽에 자리하고 있다. 이로 말미암아 중력의 작용으로 인하여 혈행은 원활하지 못해 심장에 부담만 가중시킨다. 이런 까닭에 우리 인간은 어쩔 수 없이 혈액 순환 장애가 일으키는 각종 질병에 시달리게 된다. 특히 뱃속의 혈액이 원활히 교환되지 못하여 유발되는 냉증은 만병의 근원이 된다는 사실은 잘 알려진 이야기이다. 이것뿐만 아니라 주변에서 흔히 이런 모습도 접할 수 있다. 아주 무더운 여름날조차 냉수 한 모금 제대로 마시지 못함은 물론 찬 음식 또한 아예 입에 대볼 엄두도 내지 못해 차다는 말만 나와도 고개를 절레절레 흔드는 사람을 보았을 것이다. 이는 앞에 설명한 바와 같이 아랫배에서 활동하는 피가 순조롭게 교환이 되지 않아서 겪게 되는 냉병의 전형적인 증상이다. 특별히 이런 사람들의 경우만이 아니더라도 인체 구조가 본디 그러하다면 누구나 그런 부담을 안고 살아가는 수밖에 없기는 마찬가지이다.

이러한 까닭에서도 복압을 발생시키는 호흡 수련은 인체의 건강에 대단한 능력을 발휘한다고 할 수 있다. 앞뒤로 반복하여 움직이는 아랫배는 자연스럽게 복압을 만들고, 이러한 작용의 도움은 심장의 순환 기능에 이바지함으로써 혈액의 흐름을 매끄럽게 하여 그 기능을 극대화하기 때문이다. 아울러 인체의 구조적 모순이 가져온 순환 장애로 인해 아랫배에 고여 혼탁해진 피를 호흡 운동이 생성해 낸 배의 압력으로 원활하게 움직이게 한다. 그러므로 그 동안 정체되어 있던 낡고 탁한 피는 맑고 깨끗한 새로운 혈액으로 바뀌게 되고, 모든 신진 대사가 활발해지면서 그렇지 못한 때에 여러 질병들이 개선되는 것이다. 또한 혈액의 기능이 활성화되면 전신에 영양분의 공급이 적절해지는 반면 인체에 유해한 피로물질이나 노폐물을 회수하여 체외로 배출시키는 역할이 충실해지게 된다. 그러므로 복식 호흡은 반드시 아랫배를 앞뒤로 움직인다는 것을 전제로 해야 한다.

3

또한 막중한 임무를 지닌 허파의 기능이 호흡 수련을 통해 최상의 상태로 개선된다는 것을 옛날 어른들께서도 알고 계셨던 듯하다. 허파는 폐동맥과 폐정맥을 통하여 이웃한 심장과 밀접한 관계를 유지하며, 전신 조직에서 이용된 낡고 더러워진 혈액을 정화하는, 이른바 혈액 재편성의 기능을 담당한다. 성인의 호흡은 대체로 일 분에 열일곱 번 내지 열여덟 번을 하게 된다. 보통 호흡에서는 허파가 매번 들이 마시는 호흡량이 0.5리터에 불과하다. 하지만 심호흡을 할 때 허파의 용적은 무려 3.0리터로 놀랍게 확장된다. 이처럼 뛰어난 능력을 갖고 있는 허파의 본래 기능을 방해하는 것은 잘못된 생활 습관 때문임은 두말 하면 잔소리가 될 것이다. 본디 잠재된 기능성의 대부분을 상실한 횡격막의 부정적인 역할도 크다.

문명화되고 현대화한 시대에 사는 우리는 각종 스트레스와 바람직하지 못한 호흡 습관 탓으로 폐에 많은 부담을 주면서 살아가고 있는 것은 부정하지 못할 일이 되었다. 더구나 허파는 본디 자체 운동 능력이 없기 때문에 늑골과 횡격막의 도움을 받아 임무를 수행하는 빈곤한 처지에 놓여 있다. 그러나 본래의 동물적 감각마저 거의 잃어버린 인간의 현실은, 편리 위주의 생활 방식으로 인하여 운동 부족 현상까지 맞게 되는 안타까운 지경에 이르렀다. 더구나 불합리

한 생존 방식에서 찾아오는 스트레스는 사람의 숨통을 죄듯 비정상적인 호흡을 하게끔 강요한다. 팽배한 경쟁 심리가 문명 사회의 산물이듯 이에 쫓기듯 살아가는 많은 사람들은 매 순간을 긴장감 속에 마음 졸이면서 지내는 것 또한 엄연한 현실이다. 이러한 주변 환경은 인체의 호흡 능력에까지 영향을 미쳐 최소한의 본능적 기능으로 근근히 생명을 부지하는 수준인 것은 어느 한 사람의 일이 아니다. 이런 딱한 처지에 놓인 호흡이지만 인간의 지혜로 얼마든지 심폐 기능을 활성화할 수 있다. 이때 복식 호흡의 기능이 특유에 위력을 나타낸다.

4

복식 호흡의 중요한 역할 가운데 한 가지는 완벽한 호흡 작용을 이끌어 내는데 있다. 인체의 허파가 담을 수 있는 최대의 공기량은 5리터 내지 6리터인데, 훈련되지 않은 상태에서 심호흡으로 받아들이는 폐활량은 그것의 절반 수준이다. 그나마 성인 남자의 일 분당 평균 호흡 횟수가 17 내지 18번일 때 보통 호흡에서 흡입되는 공기량은 겨우 0.5리터 수준에 불과하다. 이처럼 빈약한 호흡일지라도 음식물은 며칠이고 섭취하지 않고도 인체는 정상적인 기능을 수행할 수 있지만 호흡 멈춤은 단 몇 분 사이에 인체에 치명적인 손상을 가져 온다. 이와 같이 생존에 절대적인 호흡의 주된 임무는 외부로부터 공기를 흡입하여 몸 안에 산소를 공급하고, 인체에서 발생한 탄산 가스를 배출하는 것이다. 호흡의 결정적인 기능은 폐포라고 불리는 공기 주머니에서 이루어지는데, 좌우 폐의 폐포 수는 2억 내지 6억 개에 이른다. 모든 폐포의 총 넓이는 사람 피부 면적의 40배 정도가 된다. 폐포의 외면은 모세 혈관으로 총총히 덮여 있는데, 심장에서 흘러 들어온 혈액 속에 적혈구가 모세 혈관의 가늘고 엷은 막을 지나면서 탄산 가스를 배출하고 신선한 산소를 받아 간다. 그러므로 잘못된 호흡은 당연히 막중한 호흡의 기능을 방해하는 것이다. 이로 말미암아 폐포에서 교환되어야 할 유해한 가스는 조직을 자극하다가 다시 혈액에 흡수되어 몸 속으로 스며들게 된다. 반복된 현상은 결국 조직을 손상시킴은 물론 재흡수된 유해 가스는 많은 장애를 일으킨다.

바람직하지 못한 호흡 습관은 여러 가지 요인을 포함하는데, 크게 정신적인 측면과 잘못된 생활 습관에서 살필 수 있다. 대체로 인체는 심리적 충격이나 갈등·긴장·불안 등이 마음의 동요를 일으키면 가장 먼저 호흡을 통해 반응을 보이는데, 호흡의 길이가 현저히 짧아지며 얕아지게 된다. 이때 얕아진 호흡은 평소 호흡량에도 훨씬 못 미치는 수준이 된다. 결국 이런 현상이 반복되면서 인체는 누적되는 독소를 감당해야 하는 부담을 안게 된다. 왜냐하면 이때의 호흡은 폐첨 호흡, 즉 기관지에 연결된 폐의 일부분만 호흡 작용을 하므로 나머지 대부분의 허파는 본래의 역할을 하지 못하게 된다. 오히려 배출해야 할 유해 독소를 심장으로 흘러 들어가는 혈액에 내주는 역기능에 동조하게 된다. 이런 악순환이 반복되면 크게 건강을 해치게 됨은 물론이다. 이 때마다 인체는 적극적인 조치로 심호흡을 필요로 하게 된다. 그러므로 이런 잘못된 습관과 심리적인 간섭으로 인해 하게 되는 심호흡은 결코 바람직한 현상이 아니다. 또한 인체의 모든 암세포를 제압하고 박멸하는 데 있어 가장 안전하고 확실한 임무를 호흡 과정을 통해 흡입된 산소가 담당한다는 의학계의 보고 내용을 상기한다면 올바른 호흡이 얼마나 소중한가를 새삼 깨닫게 될 것이다.

현대 의학에서 밝히는 중요함도 이와 같은데, 원초적 에너지를 얘기하는 양생학에서야 말할 바가 없다. 그러므로 복식 호흡의 효과는 이 모든 문제점을 일시에 해결할 수 있다는 근거를 충분히 제시한다.

즉 가늘고 미세하게 이어지는 복식 호흡의 기능은 허파의 비정상적인 상태를 개선하여 최선의 상태를 유지하도록 한다. 폐활량을 극대화하여 공기 가운데에 에너지를 충분히 확보하는 반면 낡고 유해한 물질을 남김 없이 배출시킨다. 또한 호흡을 통한 지속적인 수련은 자연히 근육성 조직인 횡격막을 단련하게 된다. 단련된 횡격막은 정신적인 충격에 반응하여 별안간 수축되면서 심장과 허파를 압박하여 가슴을 두근거리게 하고, 호흡마저 멈칫거리게 하는 상황도 확실하게 개선시키는 뛰어난 효과를 갖고 있다. 그러므로 심리적 안정에도 기여하는 바가 자못 크다.

요가 일곱

1

현대 과학 문명의 발달로 인해 현격히 개선된 생활 환경과 의술의 눈부신 진보로 인간 백세에 대한 꿈은 곧 실현될 듯 여겨지기도 한다. 그러나 아무리 천세 만세를 산다 해도 오래 산다는 것만으로는 아무런 의미가 없다. 개인의 삶이 얼마나 행복했는가가 의미 없는 장수보다 오히려 가치 판단 기준에서 우위에 있다 하여도 틀리지 않다.

그러므로 오래 살아도 행복한 삶이 아니라면 별로 가치가 없듯, 건강하지 못한 장수는 도리어 불행의 요인이 된다. "재물과 명예, 권력은 모두를 잃었다 하여도 삶의 일부를 잃는 것에 불과하지만, 건강을 잃게 되면 전부를 잃은 것이다"라는 말이 있지 않던가! 그래서 예부터 불로 장생이란 말이 전해 오는 것이다. 이 말이 전하고자 하는 뜻은 그래서 더욱 의미 심장하다고 할 수 있다.

신선 사상에서는 '장생'이라는 말 앞에 반드시 늙지 않는다는 뜻의 '불로'라는 단어를 두어 항상 '불로 장생'이라 하였다. 늙지 않는다는 의미를 두고도 여러 가지 해석이 가능하다. 그 중의 하나로 인체 조직의 노화 방지라는 뜻이 무엇보다 깊다. 그렇게 발전되어 온 신선 사상은 유형의 물질에 의존하려 하기보다는 보다 더 자연스럽게 여긴 무형의 에너지에 더 많은 관심을 갖고 체계를 세웠다. 이로 말미암아 무형의 에너지에 대한 관심은 자연스럽게 호흡에 조점을 맞추게 되고, 호흡의 경이로운 작용을 신비롭게 관찰한 선지자들은 심오한 이론과 체계를 세워 많은 사람들로부터 공감을 불러일으켰다. 아직도 그에 대한 믿음이 별스럽게 여겨지지 않듯, 익숙히 들어온 도인이나 신선에 관한 이야기는 그래서 더욱 친밀감이 있다. 이러한 현상은 인도인의 고유 사상의 핵심이기도 하며, 아직까지 원형 그대로 보존되어 오늘날까지 세계인에게 많은 영감을 주고 있다.

2

2500년 전에 석가모니 부처님께서도 호흡을 관찰하여 진리에 도달할 수 있는 방편을 이미 밝히셨다. 비록 그 수행법이 불로 장생을 추구하는 여타의 비밀스러운 법과는 거리가 있으나, 출가 수행자를 비롯하여 많은 불제자들을 피안의 언덕으로 실어 나르는 자비로운 배가 되었다. 삭발을 한 채 먹물 옷을 걸치고 걸망 하나에 의지하긴 하였으나, 깊은 미혹의 나락에서 기약 없이 헤매다가 신묘함을 바라지는 않았지만 다행이 크게 어긋나지 않고 이 법을 확실히 이해하는 동기가 되어 스스로 몸뚱이 하나는 건사할 만하다.

가끔 역부로 찾아와 이 일을 묻기도 하지만 스스로 생각해 보아도 묻고 대답할 만큼 묘하거나 신기할 것은 조금도 없다. 하루 한 끼 먹는 것이 나의 공부도 아니거니와 한 줌 생쌀이 건강의 비결은 더욱 아니다. 십수 년 해온 이 짓거리가 부처님 법인 줄 그릇 알까 두려울 뿐이다.

3

요즈음 텔레비전이나 그 외의 매체를 통해서 다양한 방식으로 운동 기구를 선전하는 것을 볼 수 있다. 내 눈에 재미있게 비치는 것은 서양인이 모델이 된 서양식 개념의 운동 기구와 동양인이 모델인 동양식 개념의 운동 기구의 차이이다. 서양식 운동 기구는 대체로 운동 영역이 넓고 크다. 돌

보이는 몸매와 근육미를 자랑하는 모델에서 알 수 있듯 서양인들의 건강의 척도는 당연히 근육 발달 정도로 기준을 삼는다. 그러므로 그들이 만든 기구는 근육을 단련하는 효과가 있을 것임은 물론이다. 그러나 동양인의 건강 개념이 확연히 다르듯 몸통의 흔들림을 염두에 두고 좌우 왕복 운동 등의 방법으로 자연히 내장이 자극 될 수 있도록 했다는 점이 한 눈에 드러난다. 선전 문구조차 저들은 아름답고 건강해 보이는 육체를 강조하지만 동양식 운동 기구를 선전하는 문구를 살펴보면 인체에서 일어나는 장애를 극복할 수 있다는 점을 특히 강조한다.

앞에서 거론했듯이 일본인들의 뛰어난 관찰력과 응용력은 높이 평가할 만하다. 내가 보건대 그들의 이론 체계는 분명하고 확실하다. 얼른 보기에는 터무니없어 보이고 황당하기까지 하겠지만 한 방울의 물이 인체에서 무슨 일을 하는지 알지 못한 채 마셔도 우리가 생명을 부지함에 있어 결정적인 역할을 하듯, 그러한 바탕 아래 창안된 다양한 건강법과 운동 보조 기구들은 분명 바쁘게 살아가는 현대인에게 많은 도움이 될 것은 틀림없는 사실이다.

언젠가의 신문에서 일본에서는 단지 하루에 몇 개씩의 풍선을 맘껏 부는 것으로 만병을 다스릴 수 있다는 풍선 요법이 크게 화제가 되고 있다는 기사를 본 적이 있다. 이 풍선 요법도 어느 의사의 아이디어라고 했는데, 대부분의 사람들은 이것을 신기한 정도로 여겼지 그럴 수 있을 것이라고 생각한 사람은 거의 없었을 것이다. 그러나 그들은 이미 오래 전부터 지금까지 끊임없이 기상 천외한 방법을 개발해 내고 있는데, 이치는 단지 하나뿐이다. 호흡의 기능을 활성화하고 복부에 운동력을 회복하여 인체에 본디 잠재되어 있는 자연 치유력을 개발하자는 것이다. 이러한 이론이 중심이 되어 간단하고 쉬우며 특별한 기술을 요구하지 않으면서 쇠약해진 인체에는 크게 이바지하게끔 연구 개발되었어도 대부분의 사람들은 이치를 모르니 탐탁히 생각지 않는 것이 현실이다.

4

이런 일을 보면서 나는 아주 가끔 인간의 어리석음에 깊이를 절감할 때가 있다. 미혹에 얽혀 있고 욕심에 들떠 있는 군상들은 항상 신비롭고 묘한 것에 관심을 가질 뿐 일상에서 평범하게 접할 수 있는 이득이나 대수롭지 않게 여겨지는 일에는 전혀 마음을 두지 않는다. 좀더 적나라하게 말하면 자신의 능력 밖의 일이나 오히려 황당한 일에는 크게 관심을 기울이면서도 정작 자신이 능히 할 수 있는 일은 소홀히 여긴다. 진리는 평범 속에 있는데도 말이다. 이에 관한 재미난 일화가 하나 있어서 소개하고자 한다.

중국에 조과 선사라는 고승이 있었다. 이 스님이 주석하시던 절에는 아주 커다란 나무 한 그루가 있었다. 스님은 그 나무 꼭대기에 마치 새 둥지와 같은 집을 지어 수행하고 계셨다 하여 '새 조'자와 '둥지 과'에 뜻을 가진 별호를 얻게 되었다.

당시 당송 8대 문장가로 알려진 백낙천이 스님의 덕망을 흠모하여 가르침을 청했다. 그때 조과 선사께서는 그 유명한 백낙천을 앞에 두고 "일체의 악한 일을 하지 않고 선한 일은 받들어 행하여 스스로 그 마음을 깨끗이 하는 것이 모든 부처님의 가르침입니다"라고 말해 주셨다. 대단한 가르침을 기대했던 백낙천은 너무 어이가 없었다. 중국 천지에 자기를 모르는 사람이 있단 말인가! 아무리 세속을 등졌다 하지만 자기 이름 석 자는 들었을 법한데 이건 큰 망신이었다. 괘씸한 생각까지 든 백낙천은 코웃음 치듯 내뱉었다. "스님, 그것은 세 살배기도 다 아는 말입니다." 스님은 너털웃음을 웃으시며 다음과 같이 말씀하셨다 한다. "그렇기는 하오만 팔십 먹은 노인네도 행하기 어려워하는 것이 그 일이란 말이오." 그 말을 알아들었으니 역시 백낙천이라 하리라.

우리의 미혹은 특별난 것도 아니다. 바로 이와 같이 내가 이미 알고 있는 사실과 마땅히 할 수 있는 일은 제쳐놓고, 별나고 묘한 일에 대한 기대감이 충천함으로 스스로를 미망의 늪에서 구하지 못하는 것이다. 누구인들 나쁜 일은 하지 말아야 하고, 선한 일은 더욱 힘써 해야 하는 줄을 모르겠는가? 그러나 중생의 어리석음은 스스로가 해야 할 일임에도 불구하고 자신의 책무는 소홀히 여기면서 남들이 모두 자신을 인정하고 공대하여 주기를 바라는 마음은 고금을 통해 변함이 없다. 분별없는 욕심은 남의 능력을 빌려서라도 자신의 욕망을 채우고자 애쓴다. 부처님이나 신에게 각별한 은혜가 자신에게 있기를 간절히 원하지만 그럴 까닭은 없다. 오직 콩 심은 데 콩 나고 팥 심은 데 팥이 난다는 이치를 설파하신 것이다.

입시철에 흔히 있는 일이지만 전화 한 통화를 받았다.

"스님, 우리 아이가 대학 입시에 실패를 했는데 마음을 못 잡고 방황하고 있습니다. 병원에서 주사 한 대 맞으면 병이 싹 나아 버리듯 무슨 좋은 방법이 있을까 해서 전화 드렸습니다."

말문이 콱 막혔다. 정말 그런 일이 있는지 나는 알지 못한다. 나도 그런 일이 있을 수 있다면 좋겠다고 생각한다. 그러나 현실은 그렇지 못하고, 그래서도 안 된다는 것이 나의 굳은 신념이다. 그 물음에 나는 이렇게 말해 주었다.

"지켜보는 부모님의 심정도 안타깝지만 본인의 심정은 더할 것입니다. 어린 나이에 겪어야 하는 고통이야 짐작하고도 남지만 반드시 좋은 쪽으로만 돕는 것이 나은 결과를 가져 오는 것이 아닙니다. 그렇다고 인생의 끝에 이른 것도 아닙니다. 아직도 많은 세파를 헤쳐나가야 하는 것이 그 아이의 앞날이듯, 차마 부모의 입장에서 일부로 시련을 겪게 끔 하여 단련시키지는 못하겠지만 사회와 시절이 도와서 된 일이라 생각하고 스스로의 힘으로 극복하게 한다면 진정 부모님의 크신 사랑이라 할 것입니다. 그렇게 함으로써 자신의 능력과 스스로를 돌아보는 계기가 되면 대학에 무난히 들어간 것보다 몇 배의 성장을 할 것이고, 누구도 가르칠 수 없는 삶의 지혜를 터득할 것입니다." 알아들었을까 의심스럽다.

5

주사 한 대 맞고 낫는 병은 병이 아니다. 한 대의 주사로 건강을 지킬 수 있다는 믿음도 한낱 생각에 불과하다. 드물지 않은 일이지만 일 년에도 몇 차례씩 용한 의원 찾아 동서로 분주히 다니는 사람을 본다. 특별히 병이 있는 것도 아니고 나빠 보이지도 않는데, 남으로 북으로 용하다는 말만 들으면 만사 제쳐놓고 찾아간다. 신기한 것은 아직도 용한 의원을 만나지 못했는지 오늘도 귀를 세우고 소문을 좇지만 저승에서도 만날까 싶지 않다. 굳이 병이 있다면 게으름이 원인인데, 오늘도 한 봉지 약에 자신의 건강을 의지하는 것을 보면 병 중에서도 가장 고약스런 병이다.

바로 그런 사람을 위해 자비롭게도 풍선 요법을 고안해

내는 사람이 있고, 누워만 있어도 건강해질 수 있다는 기계까지 나온 것이다. 하지만 그들은 꼼짝도 하지 않는다. 오직 한 알의 영양제와 한 병의 피로 회복제에만 관심을 갖는다.

6

생식을 한다는 소문이 알려지면서 많은 사람들이 궁금히 여겨 찾아와 묻는다. 대체로의 관심은 어떤 방법으로 생식을 하여야 자신의 병을 고칠 수 있느냐는 것이다. 이짓 저짓 해보다가 별다른 차도가 없어서 궁리 끝에 온 것쯤은 물으나마나 한 일이다. 그러나 나는 병을 고치려 생식을 시작한 것이 아니니 해줄 말이 별로 없다. 자주 있는 일이라 나 역시 궁금한 생각이 들어 생식으로 병을 고쳤다는 사람들을 만나 경험담을 들어보았다. 결국 이치는 어긋나지 않았고 의심도 말끔히 가셨다.

생식으로 병을 다스렸다는 사람들의 자랑스런 경험담은 듣고 보면 별난 것도 아니다. 그들이 생식까지 하려고 결심할 때의 급박한 심정은 물불 가릴 처지가 못되었을 것이다. 온전하지 못한 몸으로 익힌 음식 먹듯 생식을 하다가는 곧바로 저승길에 들어선다. 생식을 하고 나면 냉한 음식이 몸안에 들어간 까닭에 입술이 파래지고 체온이 급격히 떨어진다. 그러므로 아무리 게으른 사람도 매 끼니마다 체온이 유지되도록 부지런히 움직이지 않으면 안 된다. 결코 게으른 사람이 할 수 있는 일이 아니다. 그런 과정을 거쳐서 완쾌되었다면 그것은 생식의 결과라고 우길 수 없다. 화식을 하면서 똑 같은 방식으로 열심히 운동을 한다면 결과는 두말할 나위 없이 마찬가지이다. 다른 사람의 하는 일이 하찮아 보일는지 몰라도 게으름으로써 해결할 수 있는 일은 결코 없다. 내 경우에도 남들이 보기에는 별다른 조치를 취하지 않는 듯하지만 앞에서 밝혔듯 운동 그 이상의 효과가 항상 스스로에게 있으니 탈이 없을 뿐이다. 다시 말하면 남들의 일은 대수롭지 않은 듯하지만 미처 살피지 못한 그들의 노력은 남다른 점이 분명히 있다는 말이다.

특히 우리의 오랜 식습관은 익힌 음식에 길들여져 있다. 부처님께서 기후와 여건 등을 감안하여서 하신 말씀이겠지만, 부처님께서도 음식은 반드시 익혀 먹도록 권유하신 기록이 있다. 이유야 어떻든 부처님이 생존하시던 때에도 다를 바가 없을 것이다. 냉정히 말하면 생식도 건강한 사람이 할 수 있는 일이다. 건강하지 못한 사람이 할 일은 아무 것도 없다는 것이 나의 평소 생각이다.

7

인간의 신체 구조는 매우 기계적이다. 유물론적인 시각이라 할 수도 있다. 하지만 몸뚱이 없는 정신은 무엇을 근거로 성립되는가? 정신적 충격으로 겪는 다양한 고통도 알고 보면 기계적인 해석이 가능하다. 인간이 일생을 살다 보면 오만 가지 풍상을 경험한다. 그럴 때마다 반복되는 심리적 현상은 인체 구조의 치밀함마저 여지없이 흔들어 놓는다. 우리 나라 대부분의 주부가 경험한다는 울화병이라는 것도 정신적 요인으로 인한 질환임에는 분명하다. 그러나 진행 과정을 살펴보면 도저히 구조적임을 부정할 수 없다.

언젠가 부부가 늦은 시간에 찾아왔다. 남편의 말이 아내가 귀신이 씌었다는 것이다. 까닭을 물으니 집에만 있으면 뭔가가 타 누르듯이 숨이 막혀 온단다. 가까운 무당에게 물어 보니 귀신의 일이라 했다. 섬뜩한 생각이 들어 절에 가서 부처님께 절을 했더니 그때는 귀신도 어쩌질 못한 듯 숨통이 열렸다 했다. 그런데 집에만 오면 다시 숨이 콱 막히길 반복하니 분명 귀신 일이라며, 무슨 좋은 방법이 없겠냐는 것이다. 제대로 찾아왔다고 했더니 얼굴 색이 환해지며 마른침까지 삼켰다. 먼저 욕심을 버리고 마음을 넓게 써야 하고, 다음은 어리석지 않으면 된다고 일러 주어 보냈다.

8

세상 사람 누구라도 욕심이 없다 하면 거짓이다. 더할 나위 없는 부귀와 영화를 누리던 싯달타는 처자식과 왕궁도 헌신짝 버리듯 하였으니 큰 스승이신 석가모니 부처님은 아마도 역사상 가장 욕심이 많은 분일 것이다. 그러므로 알고 보면 이 욕심이란 것이 인간을 인간이게 하는 원동력이다. 욕심 없이 살아야 된다고 하는 사람들이 있는 곳을 살펴보라. 왜 그곳은 커져야 되는지를 나는 아직도 모른다. 분명한 사실은 우리에게 욕심이 없다면 그럴 까닭이 없다는 점이다. 이런 모순이 인간 세상의 한계라면 어리석지 않으면 훨씬 낫다. 치성한 욕심에 어리석음까지 겹쳐 놓으면 모든 성인이 출현하셔도 건지기 힘들다 했다.

9

욕심은 근심을 부르고, 근심은 몸과 마음을 좀 먹는다. 욕심이 초래한 근심은 사람의 정신을 흐리게 한다. 이렇듯 넋이 나간 채 한숨 지으며 지내는 날이 늘어가면 가슴은 점점 답답해질 뿐이다. 그리고 몸은 서서히 균형을 잃게 되고, 근심에 잠길 때마다 호흡은 제 기능을 못하게 된다. 이윽고 깊은 상념에서 깨어나면 한숨이 저절로 터져 나오지만 답답한 느낌이 이어지면 증세는 이미 기운 것이다. 마치 소중히 여기는 장난감을 잃어버린 아이의 처진 어깨를 생각해보면 알 수 있듯 처진 어깨에 짓눌린 허파는 제 기능을 할 수가 없다. 욕심을 쫓는 마음은 이 사실을 알지 못하고 호흡은 겨우 기도에서만 오르락거린다. 자연히 허파는 유해 독소로 가득하고, 다시 온몸으로 스며들어 기력을 쇠잔케 한다.

내장 속의 모든 기관은 질서 정연하게 자리잡고 있다. 특히 각 기관으로 연결된 신경은 일정한 위치에서 척추를 거쳐 뇌로 이어진다. 그러므로 각 기관의 상태를 살피기 위해 척추의 일정한 지점을 촉진하여 알아내기도 한다. 그 한 예로, 체기가 있어서 가슴이 답답할 때 등줄기를 만지다 보면 몹시 아픈 곳이 있다. 그곳은 위장과 신경이 연결된 곳으로 위장의 반응점인 셈이다. 마찬가지로 허파에 연결된 부위의 척추는 비정상적인 호흡이 계속됨에 따라 통증을 느끼게 되는데, 그 느낌은 온 등판으로 전해진다. 처진 어깨는 근육을 늘어나게 한 까닭에 항상 목덜미부터 무엇이 올라탄 듯이 느껴진다. 이쯤 되면 누구도 망측한 생각을 해보지 않을 수 없게 된다. 더욱이 쇼핑을 하거나 친구와 웃고 떠들면서 재미있게 보내는 시간에는 멀쩡하다가 집에서 홀로 맥없이 있을 때면 어느 사이 증세가 반복되니 귀신의 장난이라 믿게 된다. 선불리 아는 것이 오히려 병이 된 예이다.

이런 병은 용한 의원도 소용없다. 바른 호흡을 할 수 없으면 항상 즐겁게 웃고 명랑하게 떠들어대야 한다. 주위를 유심히 살펴보고 누구도 나와 별다를 바 없는 인생인 줄 알아야 하고, 설사 나보다 나은 것같이 여겨지더라도 시기하거나 더욱이 자신의 처지를 비관해서는 안 된다. 한 손의 손가락도 모양이 각기 다르듯 같지 않은 모습도 인정할 수 있어야 한다. 이렇게만 볼 줄 알아도 참 인생을 살 줄 아는 지혜가 있다 하고, 유독 나만이 왜 이럴까 하며 힘겹다 하면 어리석다 할 수 있다.

10

부처님 법은 못나 보이는 자신마저도 항상 당당하고 떳떳하게 살 수밖에 없는 이치를 설파한 것이다. 다시 말하면 보편성을 원칙으로 불법을 설하셨으므로 누가 누구보다 못하고, 무엇이 다른 무엇보다 월등하다는 가르침은 있을 수 없다. 도토리 키 재기란 말이 있듯 도토리가 아무리 크다 해도 밤톨을 상대할 수 있겠는가? 수만 마리가 함께 우글거리는 개미나 벌 떼 속을 살펴보아도 그 놈들끼리는 서로간에 잘난 놈과 못난 놈이 달리 있을지는 몰라도 인간의 눈에는 별스럽게 분별이 되지 않는다. 부처님은 "한낱 미물에 불과할지라도 똑 같은 가치의 불성이 있다"라고 말씀하셨다. 인간끼리의 일이야 두말할 나위도 없다. 나보다 못난 사람도 없지만 잘난 사람도 없는 것이 인생이다. "나도 이렇게

왔고, 너 또한 그렇다. 깨치면 부처이고 못 깨치면 중생이라 불릴 뿐이지 이름 따라 차별이 있는 것이 아니다"라고 가르치신 것이다. 잘나면 잘난 대로 못나면 못난 대로 서로 대보고 편가르고 시기하다 싸움하는 것이 우리네 인생의 처음과 끝이다. 나만이 잘 났고, 내 법만이 옳고, 나만 믿고 따르면 된다고 하였지, 과연 어느 법이 다시 있어 너와 내가 같다 설파했는가? 이 가르침으로 말미암아 불법을 가장 소중한 법이라 말하는 것이요, 이를 알아들을 줄만 안다면 미혹에서 벗어났다 하는 것이다.

요가 여덟

1

아주 가끔 다 죽어 가는 시늉을 하는 사람을 볼 때마다 나도 모르게 눈길이 가는 곳이 있다. 그들의 손톱이다. 오래전에 어느 주간지에 소개된 의학 관련 기사를 읽은 후부터 생긴 묘한 버릇이다. 그 내용을 간략히 소개하면 이렇다.

한 대학 병원에서 오랜 임상 연구 결과 일반적으로 잘 알려진 바와 같이 손톱 밑의 반달 크기와 그 모양으로 개인의 질병을 의학적으로도 정확히 규명할 수 있다는 것이었다.

나는 어릴 적부터 대단한 약골이었다. 친구들 사이에서 손톱 밑의 반달이 화제가 되면 마치 죄인처럼 기가 죽곤 했다. 다른 친구들의 반달은 새끼손가락마저 크고 뚜렷한

데, 내 열 손가락은 어느 손톱에서도 그런 빛은 볼 수 없었다. 그 기사 내용대로라면 나는 아직까지 살아 있다는 것이 기적인지 모른다. 분명히 터무니없는 일이 아니므로 의학계에 발표되었을 터인데, 오십이 다 된 나이에도 제대로 된 반달을 내 손톱에선 발견할 수 없기 때문이다.

원래 약골이긴 하나 죽음에 대한 두려움은 어릴 적부터 별로 없었다. 다만 다른 사람에 비해 최소의 활동도 못할지 모른다는 강박 관념은 항상 있었다. 더구나 군대도 못 갈 지경의 허약한 몸인 줄 비로소 알았을 때 받은 충격의 대단함을 아직도 생생하게 기억한다.

그런 연유로 시작된 몸에 대한 관심과 관리는 돌이켜보아도 평범 이상이었다. 예기치 못한 사정으로 끼니를 거르거나 잠을 못 자더라도 운동은 반드시 했다. 친구와의 관계도 점차 소원해져 갔지만 운동에는 여전히 집착했다. 한참 멋을 부릴 나이에도 머리는 속살이 드러나 보일 정도로 바싹 깎은 스포츠형 머리였다. 어릴 적부터 온갖 약에 시달린 탓에 쓸 것 같은 술과 담배는 관심도 없었고, 배울 시간조차 없었다. 수행자 버금가는 노력을 기울인 덕분에 남에게 자랑할 만큼 튼튼한 몸도 만들었다. 한때는 스스로 대견하게 생각했다.

2

내가 출가한 도량은 경남 합천 가야산에 있는 해인사이다. 혼자 살 수 있는 확실한 구실로 시작한 승려 생활은 모든 일이 세속과는 뚜렷한 차이가 있었다. 입산을 해서도 운동은 야무지게 계속했고 이만하면 두려울 일이 없다고 믿었던 몸이지만 수행하며 겪는 어려움 앞에선 아무런 위력이 없었다. 오히려 다른 스님들 뵙기가 민망할 정도로 항상 병고에 시달렸다. 조금은 운동을 소홀히 했던 탓이라 여기고 다시 열심히 하면 좋아질 것이라는 생각에 게으름이 없었다. 그러나 내 믿음처럼 단단한 몸이 건강을 지켜 주는 것은 아니었다.

그래도 부처님과의 실낱 같은 한 가닥의 인연으로 수식관 수행을 하다가 건강에 대한 개념을 다시 이해하였다. 그로 말미암아 새롭게 얻은 자신감으로 하루 한 끼니, 그것마저 생쌀로 살기를 어느덧 십 여 년이 흘렀다.

3

내 승려 생활 중에는 도저히 없는 일로 여겼던 짓을 잠깐 한 적이 있다. 잠시 어느 사찰의 주지를 하게 된 것이다.

출가 이후 누구에게도 물질적인 도움을 자발적으로 구했던 일은 없지만 그 동안에 혜택받은 의식주는 모두 불자들의 은혜임이 분명하다. 명색은 승려이지만 남에게 베푼 바도 없고, 남들의 이야기마저 들으려 하지도 않았다. 그러니 누구에게 내 얘기를 들으라고 할 수도 없는 노릇이었다. 또한 들어 주리라는 기대도 아예 없었다. 궁리 끝에, 간간이 찾아와 자신의 건강 관리에 대하여 조언을 구하면 한 마디씩 일러 주었던 것이 스스로도 신기하리만큼 효과가 있었으니 혹시 다른 이에게도 도움이 되지 않을까 하는 생각을 하게 되었다. 얼마나 하게 될 주지 노릇일지는 모르지만 잠시나마 시주의 은덕을 갚을 수 있는 기회라 고맙게 여겼다. 그런 생각이 나의 평소 건강 관리 이론을 일 주일에 걸쳐 하루 두 차례씩 특강을 하게끔 한 동기이다. 예상치 못했던 폭발적 반응이 결국 요가 교실을 할 수밖에 없게끔 하였다. 요가 교실은 휴일과도 상관없이 매일 두 차례씩 계속 이어졌다.

4

아무리 생각해 보아도 나에게는 신앙적 성향이나 종교적인 기질이 전혀 없다. 오히려 남들의 그런 모습을 보면 아직도 잘 납득이 되지 않는다.

충청도의 한 토굴에서 살던 때에 아주 위험 천만한 일이 있었다. 자동차를 바로 폐차 처리했을 정도의 사고를 냈던 것이다. 잠깐의 방심이 일으킨 변이었지만 몸에는 전혀 사고의 흔적이 없었다. 오후 해질 무렵 일어났던 일이다. 차는 어찌 되었든 내 몸이 괜찮으니 밖에서 볼일 다 보고 절로 들어갔다. 한 밤중이었다. 좁은 시골 바닥이니 소문은 순식간에 퍼졌다. 사중 스님네와 대중들은 잠을 못 이루고 그때까지 애타게 소식을 기다렸던 모양이다. 사고 수습차 나오셨던 주지 스님과 나는 함께 차에서 내렸지만 대중들은 주지 스님만 보았지 나를 보지 못했다. 아마 큰 사고라 하니 변고가 있으리라는 지레 짐작에서 그랬을 것이다. 하여튼 그 자리에 모인 대중들 모두가 이구 동성으로 그런 지경에 무사한 것은 부처님의 가피라고 했다. 그에 대한 나의 답변이 걸작이다. "부처님이 무슨 할 일이 그리 없어서 저 같은 사람이나 살피시겠소"였다. 아니 그런가? 도와 주시려면 핸들을 놓쳤어도 바퀴라도 똑바로 구르게 해주었더라면 차라도 부숴 뜨리지 않았을 것 아닌가? 사고 난 차에서 터지기 시작한 웃음은 삼 일간이나 계속되었다. 그러다 문득 '이 사고로 다른 사람이 고통을 받게 되었다면 이럴 수 있을까?' 하는 생각이 들면서 웃음은 사라졌다.

그때의 상황에서 무사할 수 있었던 것은 첫째가 안전 벨트를 한 것이었으며, 둘째로 결정적 역할을 한 것은 요가로 단련된 몸이 충격을 충분히 흡수했기 때문이라고만 생각했다. 결코 부처님의 가호도 신장의 도움도 떠올리지 않았다.

내가 아는 불법에는 아직도 그런 일은 없기 때문이다. 오직 당당하고 떳떳하게 살 수 밖에 없는 이치를 부처님께 배웠는데, 죽을 때가 아니니 그 속에서 별일이 없었을 뿐이다. 무엇에 감사하고 어디까지를 원망한단 말인가?

그러므로 건강도 나에 관한 일이요, 병고에 시달리는 것도 신의 저주가 아니다. 가끔 기도를 열심히 한 덕분에 신의 가호가 있어 죽을병에서 살아났다고 하는 사람을 본다. 물론 그럴 수 있다는 점은 인정하지만 신의 가피가 어쩌고 저쩌고 해대는 것은 내게는 하찮은 잠꼬대 정도에 불과하다.

물론 나도 죽을병에 걸린 사람을 보면 죽기를 각오하고 기도하기를 권하고 싶다. 그러나 그것은 어디까지나 방편일 뿐이다. 만약 신의 가호로 치료가 되었다 생각하는 사람이 있다면 그 사람은 그 날부터 터무니없는 믿음의 노예가 되고 만다. 부처님은 "그 무지를 타파하면 대자유인이 된다"고 이르셨다. 부처님은 그런 일로 누구 하나라도 다시 미혹해지는 것을 원치 않으셨던 유일한 성인이다.

5

세상에는 엄격한 법칙과 질서가 있는데, 그것을 일러 진리라고 말한다. 이 진리는 국가, 종교, 인종, 성별에 관계없이 한결같이 작용한다. 그러므로 피부색, 혈통, 지위가 어떠하고, 성씨가 무엇이든 구별없이 평등하며, 무엇을 믿고 따르는지에 상관없이 법칙과 질서는 동일한 가치를 지닌다. 그러나 아이러니컬하게도 가장 문명화된 시대에 산다는 우리는 아무도 이 사실을 인정하려 하지 않는다. 가령 우리 주변을 살펴보더라도 능력도 모자라고 자질마저 부족한 자들이 부질없는 욕심으로 힘있는 자의 비호 아래 국가 기강마저 흔드는 것을 종종 보게 된다. 그럴 때마다 모두들 한결같이 분개하고 비난한다. 그러면서도 자신은 수단과 방법을 가리지 않고 언제 그런 일이 있어 줄지 항상 고대한다. 이것은 법과 진리에 있어서 보편성의 원칙을 무시하기 때문에 빚어지는 어처구니없는 현상이다. 그런데 종교적으로는 그런 경향이 더 농후하다. 오히려 종교 고유의 기능으로 당연시하기까지 하니 목불인견이다.

욕심으로 눈이 어두워진 사람들은 전지 전능한 힘을 믿고 법칙과 진리도 무시한 채 방자한 짓을 일삼는다. 세계 도처에서 끊임없이 자행되는 종교적 이념을 앞세운 피비린내 나는 현실을 살펴보라. 정의는 누구를 위한 것이며, 종교는 무엇을 위해 있는 것인가? 정의가 인간 복지를 선양함에 뜻이 있고, 종교 또한 진정한 행복 추구에 목적을 둔다면 그것이 어찌 무력을 동원하여 살육을 일삼는 명분이 된단 말인가! 한낱 어리석은 자들의 믿음뿐이므로 그들의 믿음과 같은 이치도 따로 없지만, 만약 전지 전능한 힘을 지

넜다고 믿는 신마저 중생 일에 끼여들어 파워 게임에 나서면 현재의 질서마저도 무너지게 됨은 너무나 뻔한 일이다. 정녕코 신의 능력을 믿는 자는 부질없이 나서지 않을 것이다. 이런 극치의 모순은 부처님께서 이미 설파하신 바와 같이 그럴 수 있는 존재도 없고 그럴 이치도 없다. 다만 중생이 헛된 생각으로 망령되게 만든 허상에 불과한, 허깨비들의 짓으로 말미암을 뿐이다.

그런 내가 기도를 해보길 권유하는 까닭은 나름대로 확신이 있기 때문이다. 대체로 모든 병은 자신의 생활 습관이 만든 것이다. 더구나 병이 깊어 여유 있게 대처할 수 없는 까닭에 이래도 죽고 저래도 죽는다면 어차피 죽기를 각오하고 완벽한 변신을 시도하는 수밖에 별 도리가 없다. 인간은 제법 수행한 사람이 아니면 누구나 죽음 앞에서 나약해진다. 죽음에 직면해야 비로소 자신의 알량한 지식이나 명예와 권력도 아랑곳하지 않고 한 길로 집중할 수 있게 된다. 이런 변화는 인간 본래의 잠재된 능력인 자연 치유력을 회생시켜 의술로도 어쩌지 못하는 질환도 극복하게 한다. 그런 일이 아니라도 환경의 변화가 가져 오는 효과는 대단하다. 한 일화가 있다.

6

어느 자그마한 도시에서 있었던 일이다. 갑자기 백혈병이 들어 고등 학교 2학년부터 학업을 중단한 채 집에서 근근히 지내던 처자가 있었다. 몇 년을 병마에 시달리던 어느 봄날, 외출했던 길에 청년 하나를 만나게 되었다. 처녀는 자신의 처지를 잘 아는지라 짐짓 몸을 사려 보았지만, 인연이란 것이 본래 묘하다 하지 않던가? 서로가 잠시라도 떨어져 있고 싶지 않으려 할 정도까지 이르게 되었는데, 그때야 부모님도 눈치를 채었다 한다. 남의 집 귀한 자식 못할 짓 시키게 될까 봐 어른들의 걱정은 날로 깊어 가는데 철없는 것들이 드디어 결혼을 하겠다고 했다. 그간 딸자식의 병명도 밝히고 구슬러도 보았지만 인력으로도 어쩌질 못하는 것이 인생사라 하더니 그 말이 실감이 나더란다. 마침 청년은 의무경찰로 복무 중이라서 생활 대책도 없으니 안 된다는 구실을 부쳐 극구 만류했더니, 걱정 마시라고 하고 가서 직업경찰이 되어 돌아와 결혼을 하겠다 했다. 더 이상 말릴 수도 없었고 부처님 뜻이려니 하며 처녀 귀신이라도 면하라고 시집을 보냈다. 가관인 것은 딸네 집에 가보니 직장에서 돌아온 사위가 몸만 겨우 가누는 아내를 마루에 앉혀 놓고 발을 씻겨 주고 있더란다. 지극한 사위의 보살핌 속에 하루하루를 지내던 딸로부터 임신을 했다는 얘기를 듣고는 드디어 올 것이 왔구나 했다 한다. 이제나 저제나 하는 부모님의 조바심 속에 어느덧 달까지 채워서 해산을 했는데 의사의 검진 결과 산모와 아기에게 백혈병의 징후는 없다는 것이었다. 사랑의 위력도 대단하겠지만 엄밀히 얘기하면 환경에 의해 생활 습관이 변함으로 완치된 경우의 한 예에 불과하다고 할 수 있다.

어른들이 "여자는 시집을 가면 있던 병도 없어진다"고 말씀하시는 것을 들은 기억이 있다. 어려서는 물론 무엇을 의미하는지를 알 수 없었다. 그러나 내가 이 일, 즉 병은 일상에서 얻기도 하고 낫기도 한다는 사실을 알고 나서 그 말뜻을 이해하였다.

7

고도로 발달한 문명 사회에서는 점점 더 세밀히 분업화되고 고도로 전문화됨으로써 일상의 노동에서 얻을 수 있었던 운동 효과마저 기대하기 어렵게 되었다. 더욱이 편리 위주의 개념에서 만들어진 문명의 이기는 어느덧 인간의 활동 영역을 거의 잠식해 버렸다. 과학 문명과 함께 발달한 의술도 불과 몇십 년 전 페니실린을 발명했을 때만 하여도 지구상의 모든 질병을 곧 퇴치하고 인간 백세의 꿈을 실현할 수 있다고 장담하지 않았던가. 그러나 오늘날에 와서 실현된 것은 없다. 오히려 생활 방식의 급변으로 발생하는 많은 질병과 바이러스의 창궐로 의학의 한계만 인식하기에 이르렀다. 새로운 세기를 맞으면서 겨우 그들의 역할은 중세와 근대를 지나면서 유행한 전염병이 세계를 죽음의 도가니로 몰아 넣었던 것처럼, 그런 시대가 곧 도래할 것이라는 예측이나 하는 정도가 되어버린 것이 엄연한 현실이다.

부처님도 중생자도(衆生自度)라 하셨다. 오로지 자신만이 스스로를 제도할 수 있다는 말이다. 결국, 의학계에서도 각자의 건강은 스스로가 관리할 수밖에 없다는 인식에 동의하였고 세계의 의과 대학에서는 '자가 건강 관리학'이라는 유사 개념의 학과를 신설하는 추세라고 한다. 그것에 대해 들은 바는 별로 없으나 자신의 건강은 스스로의 노력으로만 가능하다는 개념으로부터 시작된다는 것은 충분히 짐작할 만하다.

8

물론 활동만이 능사가 아님은 부정할 수 없다. 급작스런 문명의 혜택을 향유하기 이전, 우리네 할머니 할아버지는 힘든 노동 앞에 맥없이 늙어 가셨다. 분명 선진화하여 물질적 풍요가 가져다 준 이익은 모든 사람에게 희망적임에는 재론할 필요없다. 그러나 체격은 뚜렷이 개선되었으나 체력은 현저히 떨어졌다는 것은 무엇을 의미할까? 사소한 활동량으로 피곤해 하는 사람들, 약간의 기온 차이에도 고통을 겪는 현대인은 기름진 살결이 건강의 척도가 된다고 그릇 생각하고 있지는 않는 걸까?

옛날 선비님네는 "갑작스런 소낙비에도 세 걸음을 뛰지 않는다"라고 했다. 그러나 그 분들도 글을 읽을 때에는 몸을 앞뒤 혹은 좌우로 흔들면서 운율에 맞춰 숨을 골라가며 읽었다. 해인사만이 아니라 큰 사찰에 가보면 많은 스님들이 모여 공부하실 때 큰소리로 우렁차게 경 읽는 소리를 들을 수 있다. 이런 모습은 오랜 세월 대대로 터득한 그들만의 독특한 건강 관리 비결일 수도 있다. 여기에 비하면 현대인들은 아무런 대책없이 하루 하루를 살아가는 것이 확연히 드러난다. 도시인도 그렇거니와 아직도 노동으로 일과를 삼는 농촌 지역 사람들도 불안하기는 마찬가지이다. 수년 전에 정부에서 전문인에게 의뢰하여 도시와 농촌 거주자들의 건강 상태를 비교 분석하고 그 대책을 발표한 적이 있다. 결과는 아직까지 공기 좋고 물 좋은 곳에서 풍부한 노동력으로 생활하는 농촌 거주자들이 오염된 환경과 열악한 조건의 도시인보다 훨씬 많은 질병에 시달리고 있다는 통계였다. 결국 전문인의 연구 결과는 도시인은 비록 오염된 환경, 각종 스트레스, 이기에 의한 활동량 부족 등이 발생시키는 문제들에 항상 노출되어 있다 하더라도 다양한 스포츠를 통해 극복하고 있으나, 농촌 거주자들은 노동이 곧 운동이라고 생각하는 관습에 익숙하여 아무런 조치를 달리 취하는 것이 없어서 발생한 지역 차이라는 것이다. 그 후 정부에서는 그에 대한 대책으로서 빈 시설물이나 마을 회관 등을 이용하여 체육 시설을 운용하기로 결정하고 정부 시책으로 발표하기에 이르렀다. 이와 같은 엄연한 사실로 미루어 인간이 건강한 삶을 유지하는데 운동이 얼마나 중요한 역할을 하는지 충분히 짐작할 수 있을 것이다.

9

출가 후 두어 해가 지나서 있었던 일이다. 그 동안 별다르게 익힌 것도 배운 바도 없어서 그때까지도 예불과 기도, 사시 마지가 무엇을 의미하는지 제대로 알지 못했다. 아마 지금의 많은 불자도 그 당시 나와 별다르지 않을 것이다. 예불이란 한 집에 살고 있는 웃어른께 문안 인사를 여쭙듯 조석으로 불전에 나아가 큰 스승이신 부처님을 생각하며 예를 갖추는 일로 여기면 그다지 어긋나지 않는다. 사시 마지란 말은 부처님께서는 항상 오전 열 시와 열두 시 사이에 하루 한 때씩 공양을 드셨는데, 그 시간을 옛날에는 십이간지로 셈하여 사시라 했다. 이 사시에는 마치 생존해 계신 어른을 모시듯 공양의 예를 갖추고 부처님의 소중한 가르침을 잘 따르겠다는 서원을 세우는 시간이다. 기도란 특별히 마음을 내어 부처님의 가피를 입고자 하기도 하며, 특히 스님들은 수행의 방편으로 삼아 하기도 한다.

입산하여 배운 일도 별로 없지만 선방 수좌 생활을 하다 보니 염불도 익히질 못했다. 선방에서는 조석 예불과 사시 마지도 죽비 소리에 맞춰 세 번 절만 하면 끝이 난다. 그것쯤은 특별히 배운 바가 없어도 잘 할 수 있는 일이다. 문제는 은사 스님을 모시고 암자에 살면서 드러났다. 염불도 제대로 익히지 못해 매사에 자신이 없어 줄기차게 죽비 예불만 하던 어느 날 스님께서 한 마디 이르셨다.

"기도 좀 하지."

"예."

일단 대답을 야무지게 한 후 스님의 분부인지라 그 날부터 책장을 넘겨가며 예불을 모셨다. 그렇게 며칠을 지낸 어느 날 스님은 내게 똑 같은 말씀을 하셨다. 그래서 목탁 치고 염불하는 것을 스님께서 보시지 못한 줄로만 알고 "열심히 기도하고 있습니다"라고 말씀드렸다. 그런데 며칠 후에도 같은 말씀을 하시며, 기도를 하면 수행에도 도움이 될거라고 자상히 일러 주셨다. 하지만 나는 기도를 분명히 하고 있었으니 더 이상 달리 할 것이 없었다. 그 후 스님께선 더 이상 말씀을 않으셨다. 나는 열심히 기도 아닌 기도를 하고 있었던 것이다. 스승님의 가르침을 거역하거나 속이려는 생각은 조금도 없었지만 무지가 빚어낸 촌극이었던 셈이다.

10

그러므로 부처님의 가르침 속에는, 언어와 언어가 가리키고자 하는 형상, 그리고 이 두 가지가 각기 가지고 있는 고유의 특성과 그에 따른 일치하지 않는 차이점을 깊이 있게 관찰하는 '사심사관'이라는 수행법이 있다. 이는 바로 습관적인 언어 생활이 가져다 주는 혼란을 직시하게 함으로써 그로 인하여 겪게 되는 모순을 극복하게 하는 데 목적이 있다.

모든 사람이 이구 동성으로 운동의 필요성을 강조하고 있다. 또 자신의 건강을 위해 운동을 하고 있다고 생각한다. 하지만 자신이 하고 있는 운동이 건강에 이바지하는 바가 있느냐는 점에서 깊이 생각하면 자신이 없어질 것이다. 이런 모순은 운동을 단지 몸의 움직임 정도로만 인식하고 있는 탓도 있거니와 운동이 최소한 어떤 작용을 일으켜야 우리의 건강에 이바지하게 되는지를 알지 못한 까닭도 크다. 그런 연유로 노동력을 필요로 하는 일에 종사하는 사람들이 오히려 운동을 소홀히 여기는 까닭에 많은 질병에 시달리는 현상을 보게 된다.

인체에 유익한 다시 말해 건강에 이바지하는 운동이란 앞에 장황히 설명하였지만 요약하면 다음과 같은 몇 가지에 지나지 않는다.

① 아랫배의 근육을 단련시켜 복압을 발생시킬 수 있어야 한다.
② 오장 육부, 즉 내장에 충분한 자극을 줄 수 있어야 한다.
③ 완벽에 가까운 호흡을 이끌어 낼 수 있어야 한다.
④ 평소의 그릇된 자세가 바르게 교정될 수 있어야 한다.
⑤ 잃어버린 균형 감각을 되찾고 향상시킬 수 있어야 한다.

거의 모든 운동이 근육의 움직임으로 이루어지기 때문에 굳이 강조할 바는 아니지만 긴장된 근육은 풀어 주고 이완된 근육은 적당히 긴장시켜야 한다는 점도 운동을 하는 목적 중의 하나이다.

11

본디 나는 요가에 대하여 익힌 바도 없고, 제대로 들어 아는 바도 없다. 다만 건강에 대한 개념을 나름대로 정립한 후 그 원칙에 준해서 동작을 구성하다 보니 자연스럽게 이를 접하게 되었고, 그로 말미암아 요가에서 많은 영감을 받게 된 것이다. 더구나 부처님의 가르침을 연구하는 수행자로서 시간과 공간의 제약을 받지 않고, 아무 때나 장소에

구애됨이 없이 꾸준하게 할 수 있는 방법을 궁리하다 보니 이와 같은 프로그램이 된 것에 지나지 않는다. 그러므로 이 일을 두고 요가라 부를 때에는 겸연쩍은 생각이 들기도 하며, 전문 요가 수행자에게 누가 되지 않을까 염려도 된다.

건강에 대한 개념을 확실하게 정립한 후 프로그램화한 일련에 동작들은 미처 생각지도 못했던 좋은 결과를 가져다 주었다. 한 예로 척추 기능 장애, 즉 디스크 환자들이 그에 따른 고통에서 벗어나 새 삶을 시작하는 것을 보았다. 잘못된 생활 습관과 바르지 못한 자세가 원인이기도 한 비정상적인 척추를 바른 자세와 완벽한 균형을 염두에 두고 구성한 일련의 동작들에 의해 확실히 개선되면서 나타난 효과라 할 수 있다. 척추는 신체의 대들보라 불리듯 척추의 비정상은 많은 질병을 유발시킨다. 이와 같은 장애가 있는 경우, 프로그램의 동작을 충실히 따라 하다 보면 어긋났던 척추 위치가 자발적으로 교정되고, 그에 따른 균형과 조화로 여러 가지 질병이 치유되는 결과를 발생시킨다.

12

자주 이런 질문을 받는다.

"지금의 병은 어떤데 무엇을 하면 좋습니까?"

대체로 우리의 고집스러운 어리석음은 무엇 한 가지로 최선의 것을 얻을 수 있을 것이라는 기대 심리로 나타난다. 이런 생각은 남녀 노소를 불문하고 한결 같다. 그들에게 들려주고 싶은 말이 있다. "사정이 허락하는 한, 순서를 따라 착실히 하십시오."

편견이고 편식이고 간에 치우친 행위로서 오는 좋은 결과는 없다. 그러고 보면 우리의 일상에서 겪는 모든 부조화는 한쪽에 치우침으로써 생긴 일임에 지나지 않는다. 균형을 잃음으로써 발생한 질환을 다시 치우친 무엇으로서 극복하겠다는 발상은 위험하기 그지없다. 오직 악순환만 되풀이할 따름이다.

다음으로 자주 듣는 물음이 있다.

"운동은 며칠에 한 번씩 하면 됩니까?"

운동이란 밥먹듯 하는 것이다. 일전에 어느 신문 건강 컬럼에서 같은 내용의 기사를 본 적이 있다. 체증이 풀리는 듯한 통쾌한 기분이 들었다. 과학이며 데이터를 어느 정도 믿어야 하는지 잘 모르겠지만 대개의 건강 관리 전문가들은 "운동은 일 주일에 두세 번이면 족하다"라고 했다. 혹은 가끔 등산이라도 하라는 것이 고작이었다. 어디에서도 그와 같은 말을 듣거나 본 적이 없다. 그는 "어쩌다 하는 등산이 스트레스지 운동입니까?"라고 덧붙였다. 백 번 지당한 말씀이다. 운동이란 이따금 생각나면 한 번씩 비틀어 주는 몸 동작을 말하는 것이 아니다. 하루의 피로를 풀고 내일의 활력을 위하여 평생지기로서 규칙적인 계획 아래 실천하는 것을 말한다.

인간의 수명은 태어날 때 이미 정해져 있다고도 한다. 그래서인지 천명이란 말도 있다. 주위를 살펴보면 타고난 건강을 자랑하는 사람도 제법 많다. 그러나 그것을 두고 천명이라고 하기보다는 천성이라고 함이 옳을 것이다. 몸이 본디 형체를 이룬 물건에 불과한데 어느 누구의 몸이라고 해서 특별할 것도 없다. 그들은 아파도 안 아픈 척 단지 몸에 지나치게 끄달리지 않을 뿐이다. 의학계에서는 소수 의견에 불과하지만 정기적인 건강 검진이 오히려 많은 환자를 양산할 뿐이라고 주장하는 것을 들은 적이 있다. 결국 알고 나서 비로소 병이 된다는 말이 있듯 병도 스스로가 병이 들었다고 인정할 때 비로소 환자가 된다는 뜻이다. 곧 마음이 병을 만든다는 말이다.

우리는 크게는 한 우주 공간에서, 작게는 각자가 주로 활동하는 지역 사회에서, 그보다 더 작게는 한 가정이 조성한 동일한 여건 아래 거의 같은 방식으로 살아간다. 다시 말하면 누구나 똑 같은 조건 아래에서 거의 같은 방식으로 생활하고 있다는 말이다. 그런데도 어느 특정인은 질병으로 고통을 받지만, 같은 여건 속에서 함께 생활하는 모든 사람이 꼭 그렇지 않음은 두 말이 필요치 않다. 환경이나 처한 상황이 가져다 준 질병이라면 어째서 한 공간에서 같은 공기로 숨을 쉬고, 한솥밥과 한 가지 음식을 먹으면서도 한

울타리 가운데 어느 누구만 별난 병에 신음하는 까닭을 무엇이라 해야 되겠는가? 범위를 넓혀 생각하면, 인간은 같은 대기권 아래에서 지구에 조성된 동일한 조건에서 살아갈 뿐이지, 누구도 여기에서 벗어난 생활은 불가능하지 않은가. 결국 사량으로 이해하기 힘든 연유로 천명과 천운으로 돌리지만 그것도 인간의 어리석음에 기인한 것에 불과하다.

양생훈과 건강법을 말하고 실천하는 사람이 아니더라도 건강하게 사는 사람들은 별난 공간에서 특별한 음식물이나 에너지를 이용해서 살아가는 것이 절대 아니다. 그들도 지금 중환자실에서 고통으로 신음하며 지내는 사람과 똑같은 공기와 음식물로 살아가고 있음에는 거의 다를 바 없다. 그러므로 두말할 나위 없이 그런 사람도 병원의 검사실에 뉘어놓고 각종 병원체와 암을 유발시키는 세포 등의 이상 증상을 살펴보면 오만가지 질병 가운데 수십 아니 수백 가지의 병원체와 병명을 찾아내지 못하는 날은 하루도 없을 것이다. 왜냐하면 그들도 병실의 환자와 같은 병원균과 각종 질환을 유발시키는 물질에 노출되어 있기는 동일하기 때문이다. 다만 그들은 스스로 알거나 혹은 모르게 익힌 건전한 생활 습관으로 인하여 인체가 본디 갖고 있는 치유력과 항상성 기능을 완벽하게 수행할 수 있도록 하여 몸 안에 침투한 온갖 병원체를 확실히 퇴치하고 극복하는 까닭에 똑같은 여건과 환경 속에서도 병원체가 그들의 신체를 능멸하거나 질병을 유발시키지 못할 뿐이다. 다시 말하면 우리의 신체는 자신도 모르는 사이 무수한 병원체의 침투를 받고 시달리기도 하지만 생명체 모두가 공유한 자기 보존 역량으로 인해서 곧 회복되고, 자연이 허락한 만큼의 수명을 당연히 누릴 수 있게끔 되어 있다. 다만 깊이 유념할 일은 잘못된 생활 습관과 자연 질서를 거스르는 행위를 자행함으로써 스스로 파멸의 길로 빠져들어 불행해질 수 있다는 점이다.

13

엄격하고 고고한 인품과 함께 "산은 산이요 물은 물이로다"라는 한 마디 종정 취임사로 더욱 잘 알려진 성철 큰스님이 계시던 백련암과 내가 은사 스님을 모시고 사는 희랑대라는 암자는 이웃해 있다. 찻길이 없던 예전에는 오솔길을 따라 큰절을 왕래해야 했기 때문에 그때마다 자연스럽게 가끔 뵐 수 있었다.

그 성철 큰스님의 글 가운데 "지금이라도 불법보다 훌륭한 것이 있다면 미련 없이 승복을 벗고 그 법을 따르겠노라"라 하신 구절이 있다. 나 역시 미망의 늪 가운데서 허우적거릴 때 나의 심정이 그러함을 도반 스님들 앞에서 토로하였던 적이 있다. 비단 이러한 심정은 나만의 일이 아니다. 궁극의 진리를 추구하는 모든 수행자의 생각이 한결같으리라 믿어 의심치 않는다. 다행히 출가 후 아홉 해가 되던 해에 부처님 말씀을 비로소 이해할 수 있었다. 그 후 불상은 커녕 그림 쪼가리 하나 없는 곳에서 지내지만 일순간도 부처님의 가르침에 회의를 갖거나 나의 삶이 헛되거나 무가치한 것이라고 생각해 본 적이 없다. 이는 부처님께서 열반에 드시기 직전 제자들이 부처님의 입멸을 슬퍼하면서 열반하신 후에 무엇에 의지할 것인가를 염려하고 있을 때 그에 대한 마지막 가르침이라고 알려진 "자명등 법명등"이라는 구절에서 수행자로서 해야 할 바를 알았기 때문이며, 그러므로 오직 실천에 소홀함이 없고자 할 뿐이다. 그 가르침은 "모든 수행자는 자신을 등불로 삼고 자기를 집으로 삼아라. 그리고 법을 등불로 삼고 법을 집으로 삼아야 하며, 남을 의지하거나 믿어서는 안 된다"는 것이다.

이는 모든 이치의 훌륭한 지침이 되며, 건강을 얘기할 때도 다를 바가 없다고 여겨진다. 과연 난무하는 건강법 가운데 무엇이 옳고 어디까지가 헛된 것일까? 또 이제는 각자에게 맞는 건강법이 다르고 운동마저도 궁합이 맞아야 한다니 전지 전능한 무엇이 있어 그 일을 분별할까? 좋다는 것은 언제 다 해볼 것이며, 어느 시절에 내게 맞는 의약과 음식을 찾을 것인가. 결국 자칫하면 짧디짧은 인생을 몸뚱어리 치닥거리나 하다가 허망하게 마치기 딱 알맞은 세상이라 해도 틀린 말이 아니다. 정녕 언젠가는 한 줌 흙으로, 재로, 먼지로 돌아가야 할 몸뚱이인데, 이것만 애지중지하면 나머지 인생사는 과연 우리에게 무슨 의미와 가치가 있노라 할 것인가? 이 몸이 그저 허망하게 오고 가는 물건이 아닌 줄 알았다면 떳떳하고 당당하게 대하고 활용하면 될 것이요, 신체 스스로의 능력을 믿고 인체가 본연의 역할에 충실하도록 적절히 지혜롭게 보살펴만 주어도 이로써 도리에 족하다고 말할 수 있을 것이다.

'일이관지(一以貫之)', 즉 하나의 이치로써 모든 일을 꿰뚫는다는 말이 있다. 도움이 될 만한 부처님의 말씀 한 마디 더 비유로 하고자 하나 결코 이 일을 두고 하신 말씀이 아니라는 점을 먼저 밝히고자 한다. 유명한 '뗏목 설법'이다.

어떤 사람이 길을 가다 험난한 강을 만나게 되었다. 곧 지혜롭게 뗏목을 엮어 타고 무사히 건널 수 있었다. 그런데 이 사람이 자신을 무사히 건네준 뗏목에 대한 고마움으로 그것을 등에 걸머지고 여행을 계속한다면 그 행실이 옳겠느냐는 물음이 있으셨다. "바른 법이라는 것도 마치 뗏목과 같아서 그 법도 응당 버려야 할 것이거늘 법이 아닌 것이야 말할 바 있겠느냐"는 것이다. 법이 진정 옳고 진리가 진실하다면 그것이 남과 다툼의 소재가 되거나 남을 비방하는데 쓰일 까닭이 없다. 자기가 아는 법만 옳고 남의 법은 그르다 하여 비방과 저주를 서슴지 않는 세태를 두고 하신 말씀이다. 진리를 밝히고자 하는 법 논쟁이라도 그러하거늘 잇셈 계산으로 하는 짓거리에는 부처님의 비유가 오히려 민망할 뿐이다. 하여간 뗏목이 강을 건너는 데 쓰이는 물건이듯 우리의 몸뚱이도 한낱 일생을 영위함에 쓰이는 도구라면 그것의 용도대로 적절히 쓰일 수 있게끔 보살피는 것도 의무라 할 수 있다. 그러나 그것에 지나치게 집착하여 전전긍긍한다면 이는 크게 잘못된 일이다. 더욱이 형태를 이룬 물건에 불과한 몸뚱이를 오래도록 보전하겠다고 분별없는 짓거리를 좇느라 허둥댄다면 그런 터무니없는 망상과 행동거지는 거론하여 무슨 의미가 있느냐는 뜻으로 이해하여 봄직하다.

결론적으로 인간이 부질없이 살다가 죽기 위해 태어난 것이 아니고 부실한 인생이 무엇으로 말미암는지를 알았다면 삶의 가치를 존중하여 행복과 건강의 의미를 다시 한 번 마음깊이 새겨 보고, 보다 나은 인생을 설계할 줄 아는 지혜가 있어야 진정 의미 있는 삶이라 할 수 있다.

요가에 들어가면서

나는 아직까지 체계적으로 요가에 대하여 연구를 해본 바는 따로 없다. 내가 아는 요가 지식은 까마득한 옛날부터 인도라는 땅에서 수행법의 하나로 발전되어 왔다는 정도가 전부이다. 그러나 요가를 십오 년 가량 건강 관리 차원에서 연마해 오며 느낀 점은 요가가 수행법의 일종이라기보다는 오히려 수행자라면 반드시 해야 할 필수 과제라는 생각이 더 강렬해졌다. 이유인 즉 수행자들 틈에서 보낸 짧지 않은 시간 동안 보고 듣고 직접 체험한 바로는 수행에 따른 장애가 반드시 있다. 우리 승려들 사이에서는 그것을 일러 우스갯소리로 '수좌병'이라 하기도 하는데, 그때를 당하면 어떠한 의약도 효험이 없다. 흔한 말로 귀신 들린 듯이 엄습해 오는 병마는 도대체 감당하기 어렵다. 그런 연유로 인도의 수행자들은 요가 동작에서 이를 극복할 수 있는 길을 발견

하고, 이를 계기로 더욱 연구하고 개발하여 발전시키며 오늘에 이르지 않았을까 생각한다. 몇몇 요가 서적에서도 이에 관한 문제를 심도 있게 다룬 것을 보았는데, 대체로 공감이 갔다.

고대로부터 요가인들은 바른 자세와 생활 습관으로 고칠 수 없는 병을 불치병이라 정의 내렸다. 이제 새삼스럽게 요가의 이득을 강조한다는 것은 우스운 일이나 건강치 못한 몸으로 수행자려니 했던 입장에서 그런 까닭에서도 개인적으로 대단히 많은 신세를 졌다. 그 중 한 가지가 요가를 일과로 시작한 이후 좌선으로 거의 대부분의 시간을 보내면서도 장애를 전혀 느끼지 않는다는 점이다.

하루 한 끼에, 그것도 쌀가루 죽이는 정도 이외에는 물조차 마시지 않으니 화장실도 가는 일이 거의 없다. 그렇게 허구한 날을 앉아만 지내다가도 어느 날 갑자기 산행을 하든가 아니면 힘겨운 일을 하여도 지치거나 후유증으로 며칠을 두고 고생하는 따위의 일은 전혀 없다. 남들은 이를 두고 불가사의하다고 하지만 분명히 근거가 있는 일인 까닭에 그다지 대견해할 이유도 없다. 요가 프로그램에 동참하였던 많은 분들도 이구 동성으로 감탄을 아끼지 않았던 것이 이 효과에 대한 매력 때문이었다.

어쩔 수 없이 감당해야 하는 삶의 무게에 가위 눌려 살아가는 현대인을 현혹하고자 하는 뜻은 전혀 없다. 천성이 게으름에야 어찌하며, 사람의 형색을 하고서도 인간의 말을 알아듣지 못하는 데야 달리 방법이 없지 않겠는가!

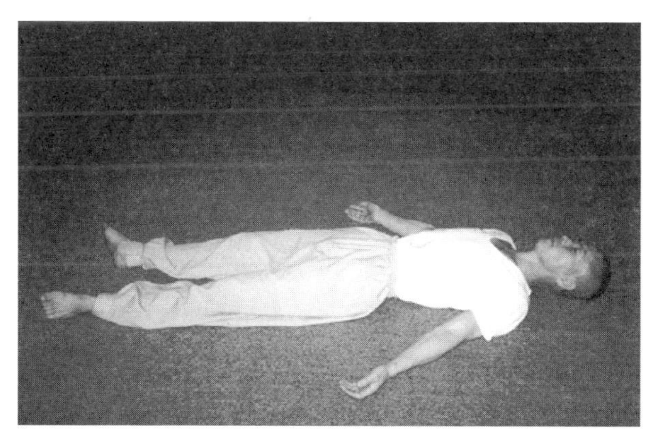

이것이 요가의 첫 동작이다. 대체로 요가는 괴상한 모양으로 몸을 비비꼬는 운동이라고 알고 있다. 절대 그렇지 않다. 사진의 모습을 보라. 이것이 바로 요가이다. 나는 십삼년이란 짧지 않은 시간을 근육만 단련하였던 경험을 갖고 있다. 흔히들 그런 몸을 두고 각기통 같다고도 한다. 하지만 지금 나의 요가 사진을 보고 어느 노인께서는 사람이 아니고 문어라 했단다. 머리가 닮았겠지만 분명 사람의 일이다.

본디 익힌 바는 없으나 절 집에 와서 안 해본 일이 없다.

전기 공사, 보일러 놓기, 화장실 변기 설치, 집 짓고 내장하기, 벽지 바르기까지 종횡 무진이었다. 절은 대체로 산에 있으니 물 사정이 어디나 좋지 않다. 하다못해 물길 다루는 데에도 이력이 났다. 그래서 기술자들이 못하면 스님들의 부름을 받기도 한다.

머리 긴 양반들 궁금증이야 말할 바 있겠는가? 나도 역시 궁금하기는 마찬가지이다. '왜 사람이 하는 일을 머리 깎은 사람은 못해야 옳다고 생각하는지에 대해.' 나도 그들의 생각을 이해할 수 없다. 맨처음 이런 일은 사람 말고 신이 했던가? 대단하다면 바로 그 사람일 테고, 나야 보고 배운 방법 따라 할 뿐인데 말이다. 그리고 인간이 할 수 있는 일 중에서 가장 어렵다는 부처가 되는 일을 하는 사람이 아닌가?

요가를 시작하려는 사람들은 절대 난이도나 숙련도에 관심을 갖지 말았으면 한다. 요가를 얼핏 보면 체조와 같은 기교를 요구하는 듯하게 생각될 수 있을 것이다. 대부분의 운동은 물론이고 체조까지도 신체에 긴장감을 남긴다. 그러나 요가 수련은 긴장감을 해소함으로 완벽한 이완을 가져온다는 점이 뚜렷한 특징이다. 그러므로 각 개인의 신체 유연성에 맞춰 흉내내듯 하더라도 신체적 변화에 앞서 생리적 효과가 두드러지게 나타나는 현상을 즐겁게 확인하게 된다. 모든 운동은 숙련 정도로 상호간의 우열을 가리지만 요가만큼은 어떠한 형태의 대회도 존재하지 않는다. 이는 바로 난이도와 숙련도 따위가 요가 이념과 무관하다는 단적인 예가 된다. 꾸준히 수련하면 몸매도 아름답게 가꾸어 준다. 건강하지 못하면서 별난 기교와 몸매는 과연 무슨 의미가 있겠는가?

그러므로 굳이 같은 말을 되풀이하는 까닭은 요가는 남녀노소를 불문하고 누구나 즐겁게 익힐 수 있다는 점을 꼭 알게 하고자 함이다.

이 자세의 이름은 '시체 자세' 혹은 '송장 자세'이다. 이 자세는 몸의 긴장을 풀어 주고 완벽하게 전신을 이완시킴으로써 육체적이고 정신적인 스트레스로 인한 긴장을 해소하는데 목적이 있다. 불면증 등 스트레스성 질환에 효과적이다.

요가를 처음으로 하고 난 후, 하루를 지낸 감회 가운데 오랜 불면증에서 벗어났다는 말을 자주 듣는다. 믿기지 않을 듯한 일이지만 삼십오 년의 불면증이 하루만에 사라졌다는 얘기도 들었다. 천성 탓이거나 지나친 긴장감 속의 연속된 생활이 가져다 준 반갑지 않은 손님이 불면증이다. 하루에 한 번쯤 거짓 죽음으로써 삶의 소중함을 어렴풋하게나마 느낄 수 있다면 그것도 대단한 소득이 될 것이다.

이 자세의 요점은 긴장을 통해 완벽한 이완을 경험하는데 있으므로 자연스럽게 누워 아래쪽부터 긴장을 풀어 온다.

먼저 발을 들어 다리 전체의 근육에 긴장 준 후 맥없이 떨어뜨린다. 같은 요령으로 발뒤꿈치와 어깨를 바닥에 붙인 채 배를 높이 들었다 떨어뜨린 후 엉덩이와 어깨를 붙이고 가슴을 잔뜩 내밀었다 그 긴장을 푼다. 주먹을 힘껏 쥐어

팔을 긴장시킨 채 들었다 놓고, 눈을 감고 입마저 오므려 얼굴에 긴장을 주며 고개를 흔들다가 주검을 생각하며 몸과 마음이 완전히 이완되도록 한다. 동작을 마칠 때에는 발끝과 손끝을 살며시 흔들면서 역순으로 빠져 나온다.

이 자세에 숙달되면 오 분 가량으로도 두세 시간 숙면을 한 효과가 있다. 또한, 시간마저 축내 가면서 괜한 낮잠 뒤에 두통을 겪거나 불쾌함에 시달리기보다는 훨씬 이득이 많다.

요가는 누워서 하는 동작과 앉아서 하는 동작 그리고 서서 하는 동작이 있다. 그 각각의 동작 가운데에는 옆으로 비틀기·앞으로 숙이기·뒤로 젖히기 등의 동작과 거꾸로 서기가 있다. 앞에 장황하게 늘어놓은 설명과 같이 개인적으로도 이런 비틀기 자세를 소중하게 생각한다. 사진을 보자.

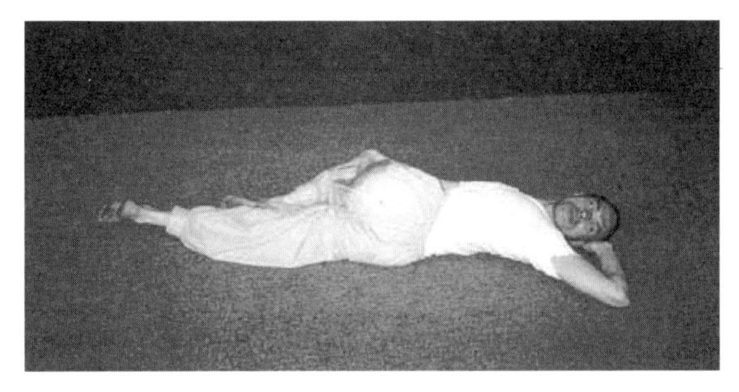

먼저 왼팔로 팔베개를 하고 왼쪽 다리를 오른쪽 무릎에

올리고 오른손으로 잡아당겨 바닥에 붙이고 머리를 반대 방향으로 돌려 목을 맘껏 비튼다. 보다 나은 자세를 유지하기 위해서는 왼쪽 어깨와 팔베개 한 부분이 바닥에 밀착되어야 하겠지만 처음에는 자신의 한계를 인정해야 한다. 남들은 오랜 시간의 노력 끝에 완성한 자세이다. 처음부터 덤벙대면 끝도 별 볼일 없어진다. 완벽이란 자신의 능력 아래서의 완벽뿐이다. 남을 모델로 한 완벽이란 요가에서도 없다.

몸이 대각선으로 비틀렸기 때문에 그에 관련된 근육 가운데 한쪽은 힘껏 늘어났고 반대쪽은 잔뜩 수축되었다. 인체는 외관상으로는 피부로 둘러싸여 있지만 한 겹 안쪽에는 겹겹의 근육이 빈틈없이 자리잡고 있다. 만약 고스란히 살점뿐이라면 인간다운 활동은 전혀 할 수 없다. 이런 막중한 임무를 수행하는 근육은 항상 피로에 지쳐 있기 마련이다. 그러므로 이러한 모양새의 반복된 동작은 근육에 적당한 신축작용을 일으키고, 세포는 수축과 이완될 때마다 쌓인 노폐물을 배출하는 기능을 충실히 수행한다.

건강 상태가 매우 좋지 않은 사람은 연속된 자세에서 오는 두드러진 현상으로 스스로도 역겨운 체취를 자신의 몸에서 맡으며 요가를 해야 한다.

다음은 고개를 맘껏 돌려야 한다.

목 없는 사람을 본 적이 있는가? 머리의 기능도 중요하지만 몸이 머리를 따르지 못하면 그를 일러 죽은 목숨이라 한다. 인체가 꼭대기의 지령을 받을 때 아무리 과학이 발달하여도 이것만큼은 무선 통신이 아닌 물리적 방식이다. 이때

목이 결정적인 역할을 한다.

온몸으로 퍼진 모든 신경망과 중요한 기능을 하는 조직은 목뼈의 보호를 받으며 지나간다. 인체의 어느 한 부분을 소홀히 할 수 있을까마는 그런 까닭에서라도 요가를 할 때만큼은 목의 소중함을 마음 깊이 새겨 보도록 하자.

요가는 균형을 대단히 중요시한다. 옆 사진과 같이 반드시 반대쪽으로도 같은 각도와 같은 시간 동안 동일한 자세를 취해야 함은 물론이다.

우리 일상의 어디에서든 균형과 조화는 소중한 의미를 지닌다. 균형을 잃었을 때 필연적으로 조화로움은 사라진다. 천지 만물의 이치가 그러하고, 인륜의 도리도 다를 바가 없다. 인간 중심적인 생각에 자연마저 정복해야 할 대상으로 여겨 할퀴듯이 헤쳐 놓은 땅덩어리는 이미 기력을 잃고 말았다. 이제야 뒤늦게 환경에 대해 얘기하고 자연 보전을 부르짖어도 다음 세기 초, 대부분의 생명체가 공멸할 수밖에 없다는 것이 전문가의 한결 같은 예측이다.

인륜지사는 어떠한가? 국가와 국가의 일은 그렇다 하고, 한 울타리의 피붙이끼리도 조화롭지 못하다. 남편과 아내 사이가 그렇고, 부모와 자식, 형제 자매의 일도 마찬가지이다. 한 판의 승부를 추구하는 철저한 게임 법칙의 논리 위에 놓인 인생사라 하지만 굳이 아내와 남편, 부모와 자식, 형제가 서로를 파트너로 해야 하는지 깊이 반성해 볼 일이다.

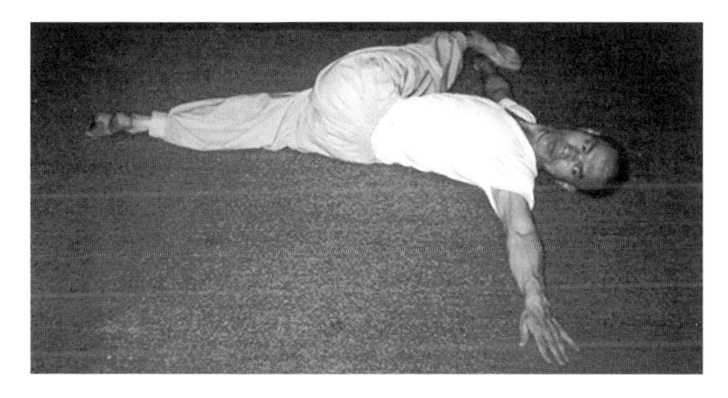

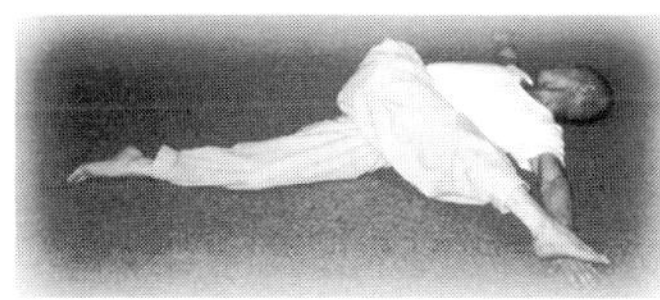

사진을 보면 왼쪽 발이 오른손에 닿았다. 팔을 열십 자로 쭉 뻗고 숨을 들이마시면서 왼쪽 다리를 수직으로 높이 세운다. 숨은 다리가 내려가는 속도에 맞춰 토하면서 발을 반대쪽 손등에 닿도록 크게 회전시키며 내려놓는다. 당연히 이때도 고개는 반대쪽으로 확실히 돌린다.

이 자세를 사람들에게 하라고 하면 다리를 겨우 엇갈리게 하는 정도에서 그치고 만다. 잘 할 수 있을 테니 다시 해보라고 하면 몸이 굳어서 안 된단다. 이 동작이야말로 시체 자세만큼이나 쉬운 동작이다. 다리를 높이 들어올리고 다시 시도해 보기 바란다. 손이 없는 사람 말고는 손등에 가서 닿을 수 있다.

누워서 하는 좌우 두 동작씩, 네 동작이 끝나면 엎드려서 하는 네 동작이 이어진다.

나는 요가를 하기 전에 전문 보디 빌더였다. 무려 십삼 년의 세월을 쇠뭉치와 지냈다. 특히 하체 운동을 할 때 쌀가마보다 무거운 놈을 어깨에 올려놓고 앉았다 일어서기를 무수히 했다. 그때에는 등허리의 팔뚝만한 힘줄을 든든하게 여겼다. 하지만 요가를 시작한지 어느덧 십오 년의 시간이 흐른 지금도 그때의 근육이 덜 풀렸는지 뒤로 젖히는 자세에선 고통스럽다. 다음 사진의 자세를 취할 때는 나만이 아니라 여러 사람들이 힘들어하는 까닭은 자세를 완성하고 나서 곧 넓적다리 뒤쪽 근육이 당기는 듯하다가 급기야 흔히 하는 말로 쥐가 내리듯 경련이 오기도 하기 때문이다.

요가를 하다 보면 별별 반응을 다 경험하게 된다. 특별히 인체에 관심이 없던 사람도 몸의 신기한 반응에 놀라워한다. 이런 과정을 겪으면서 몸 속의 유해 물질이나 노폐물이

몸 밖으로 서서히 빠져나가게 되고, 그로 말미암아 잃었던 활력을 회복하게 되는 것은 재론의 여지가 없다.

누워서와 마찬가지로 팔을 양옆으로 활짝 벌린다. 이 자세에서는 머리를 돌리지 말고 고개를 바짝 추켜들어 턱 밑 부분이 바닥에 닿도록 한다. 시선을 정면에 두고 숨을 크게 들이마시면서 오른쪽 다리를 높이 추켜든다. 숨을 내쉬면서 다리를 크게 회전시키며 반대편 손 쪽으로 발이 닿게끔 하면 된다. 꼭 그럴 필요는 없지만 바닥에 댄 무릎을 살짝 끌어당겨 아랫배가 약간 들리게 한 후 다리 넘기기를 하면 동작이 크고 활발해진다.

자세에 익숙해지기까지는 넘어간 다리의 영향으로 한쪽 어깨가 어쩔 수 없이 들린다. 그러나 되도록 들리지 않도록 유념하면서 하도록 한다. 뜻과 같이 되지는 않더라도 좋은 자세가 나오도록 노력은 해야 한다.

이 다음 자세는 동일한 방법의 반대편 동작이다.

다음 자세는 몇몇 사람에게는 익숙해지기까지 치가 떨리도록 괴로운 동작이다. 누구를 막론하고 자신이 느껴야 할 괴로움을 반기는 사람은 없다. 그러나 그런 반응이 나타나는 이유를 알고 나면 요가의 소중함을 새롭게 느끼게 된다.

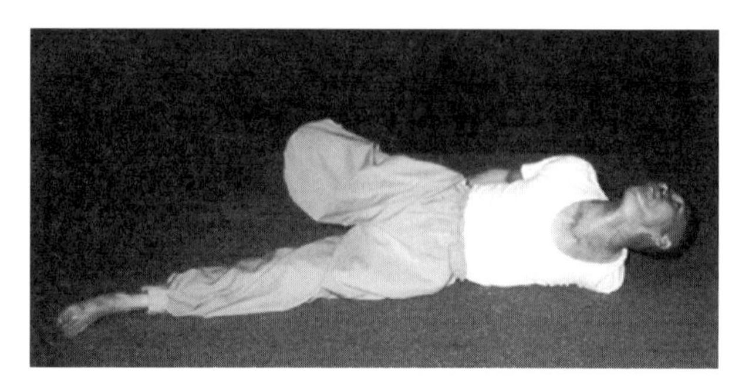

이런 현상은 곧 자신의 신체에 어떤 문제가 있음을 알려 주는 확실한 신호이다. 그러므로 요가인들은 이 자가 메시지를 싫어해서는 안 된다. 이것을 두려워하거나 회피해서는 시간 허비하고 경제적 손실까지 입어가며 요가를 할 필요가

전혀 없기 때문이다.

사진은 이 자세의 반대편 동작이 이미 끝나고 뒷 동작의 자세이다. 위에서도 밝혔지만 이 자세를 할 때 어깨 부위의 집중된 통증으로 이 동작 자체를 거부하는 사람도 있다. 그러나 특히 그런 사람일수록 필히 해야 함은 아무리 강조해도 지나치지 않다. 누워 하는 동작과 엎드려 하는 앞의 동

작도 모두 양팔을 벌리고 했듯이 이 동작도 양팔을 벌린 채 한다. 하지만 몸통에서 직각으로 뻗은 팔을 한 뼘 정도 머리 쪽으로 움직여 동작을 취하게 되면 통증의 강도가 훨씬 심해진다. 이렇게 스스로 자신의 취약점을 찾아내어 동작을 할 때쯤이면 벌써 요가의 묘미를 터득했다고 자부해도 된다.

숨을 들이마시면서 한쪽 다리를 오므리며 같은 쪽 손으로 발등을 잡는다. 반대쪽으로 뻗친 팔의 각도를 의식하고 뻗친 팔 쪽으로 몸통을 잔뜩 젖히면서 숨을 내쉰다. 머리도 몸이 도는 방향으로 한껏 돌린다. 거듭 당부하지만 팔의 각도에 유의하며 약간씩 변화를 주면서 동작을 해보고, 가장 심한 통증이 오는 위치를 찾아 해야 한다는 점을 명심하자. 그렇게 며칠을 하고 나면 어느덧 할 때마다 느끼던 고통도 사라지고 평소에 뻣뻣했던 목과 묵직하던 어깨가 서서히 풀리면서 신선한 해방감을 만끽하게 될 것이다. 이를 일러 '이열치열요법'이라고 한다. 항상 우리하게 느껴지는 불쾌감을 보다 강한 자극을 주어 풀어 버린다는 개념이다.

대체로 이런 통증은 인간이 숙명적으로 겪게 되는 일반적인 현상이다. 거의 대부분의 사람들이 손을 앞에 두고 사용하지 뒤로 휘감아 사용하는 일은 별로 없다. 바로 충분한 활동 영역을 갖고 있는 근육을 제대로 움직여 주지 않은 탓에 필연적으로 찾아오게 되는 노화 현상의 일종이다.

누워 비틀기 동작을 통해 몸통 근육의 신축과 이완을 반복합으로써 발생한 배의 압력은 원활한 혈액 순환을 촉진하여 혈행의 장애를 극복하게 한다. 흐트러졌던 척추의 조화와 균형 감각을 회복하고 아울러 자율 신경이 제 기능을 회복하게 됨으로써 전신으로 전해 오는 느낌이 상쾌해진다.

앞의 비틀기 동작이 척추의 회전 능력을 이용하여 균형을 찾는다면 이 사진의 동작은 척추의 앞뒤로 굽는 기능을 이용하여 조화를 추구하는 것이다. 동시에 호흡을 동작에 철저히 일치시킴으로써 허파 본래 기능의 극대화를 꾀한다. 호흡은 반드시 코로 하는 것이 원칙이다. 호흡 중에서 입을 통한 호흡을 가장 꺼리는데, 코에는 외부로부터 들어오는 세균과 먼지를 걸러 내는 장치인 콧털과 점막이 있어 폐와 기관지를 보호할 수 있으나, 입을 통한 호흡에서는 무방비 상태에 놓이게 되기 때문이다. 그러므로 반드시 요가를 할 때도 코를 통해서 호흡을 하되 급히 내 쉴 경우와 자세에 따라 자연스럽게 입이 벌려질 때에 한해서 예외로 한다.

요가 수련을 얼마쯤 하다 보면 수행의 묘미를 엿보게 되는데, 수행이란 철저한 자기 관리를 뜻한다. 그런 분위기를 느낄 즈음이면 벌써 자연스럽게 호흡의 신비로운 역할이 예사롭지 않음을 어렴풋이 알게 된다. 그런 까닭에서도 호흡은 가늘고 세밀하며 정미롭게 할 수 있도록 노력해야 한다. 가장 쉬운 방법은 옆사람에게 자신의 호흡 소리가 들리지 않도록 유념하는 것이다. 그러다 보면 어느덧 몸에 익숙하게 될 것이다.

이 사진의 자세는 두 팔과 두 넓적다리가 수직으로 바로 섰다. 짚은 두 손 사이나 두 무릎 사이의 넓이는 어깨 넓이가 되면 알맞다. 곧추세운 팔다리는 절대 기울어지지 않도록 주의하면서 들이쉬는 숨에서는 아랫배가 바닥에 최대한 가까이 접근되도록 한다. 이때 머리는 잔뜩 젖힐 수 있을 만큼 젖히고, 숨을 토하면서 등허리가 맘껏 천장을 향해 둥글어지도록 노력을 기울이며, 턱이 가슴을 압박하는 기분이 들도록 머리를 숙인다. 이 동작을 오륙 회 반복하는 사이 심신이 안정된다.

이 동작의 효과는 불과 며칠만에 뚜렷이 나타나서 평소에 심호흡을 애써 하여도 풀리지 않던 갑갑증이 홀연히 없어진 것으로 요가의 위력을 확인하게 된다.

이 자세는 까다롭지 않게 보이나 실제로 취해 보면 생각 같지 않다. 몇몇 사람에게는 대단히 힘들게 느껴지고 고통마저 자아낸다. 이 자세에서 유념해야 할 점은 종전 자세의 수직으로 선 상태에서 다리를 그대로 유지하면서 팔을 앞으로 쭉 뻗으며 가슴을 바닥에 닿게 하는데 있다. 이때 고개를 추켜들어 시선을 정면에 둔다. 만약 다리가 앞뒤로 기울게 되면 엉덩이 위치가 낮아지면서 등허리에 활처럼 굽는 각도가 완만해지는데, 같은 시간에 같은 노력을 하면서 굳이 그럴 이유는 없다. 이 자세에서 느끼는 고통 역시 평소에 취해 보지 않던 동작을 하게 됨으로써 자극을 받은, 굳어 있던 근육이 즉각 반응하는 줄 알면 된다. 우리들 가운데 이따금이겠지만 기지개하듯 팔을 머리 뒤로 잔뜩 젖혀 보는 동작을 하는 사람이 몇 명이나 될까? 때문에 어깨의 통증은 굳어진 관절과 근육의 상태를 정확히 알려 주는 고맙기 짝이 없는 자가 메시지인 셈이다.

나의 은사 스님께서는 스님의 법문을 듣고 감화 받은 사람들로부터 시달리다시피 원고 청탁을 받는다. 하지만 결코 응하시지 않는다. 이유인 즉 부처님께서 훌륭하게 설해 놓으신 팔만 사천 법문이 이미 대장경에 다 들어 있는데 다시 무엇을 보태라는 말이냐는 뜻이다. 충분히 음미하여야 마땅하다. 그 가르침을 받고도 많은 요가 교본이 있는데도 불구하고 굳이 한 권의 책을 보태려 함엔 까닭이 있다. 요가가 본디 수행법의 색채가 강하듯 수행 차원에서라면 모르겠으나 주제를 갖고 시작하는 이들에게는 그 책만 갖고는 확실히 한계가 있다고 느꼈기 때문이다. 물론 그 주제란 건강에 대한 것이다. 그러므로 지금 이어지고 있는 동작들은 스스로의 신념을 바탕으로 하여 철저한 이론 아래 구성된 것이니만큼 순서가 뒤바뀌지 말았으면 한다. 십수 년간 이것에 대한 효과를 충분히 경험했다. 지난해에는 수개월의 짧은

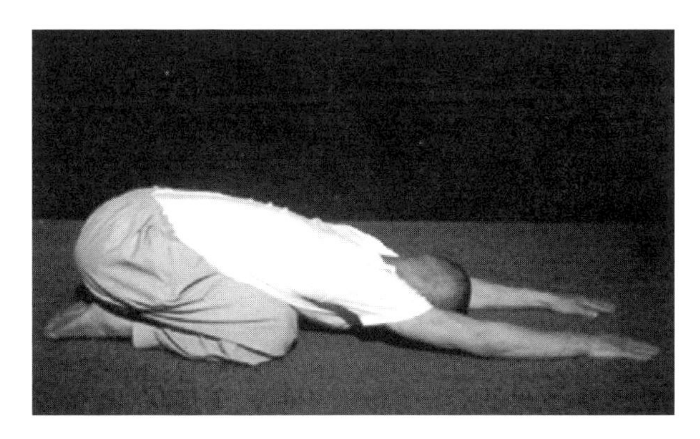

시간 동안 집중적인 공개 검증 아닌 검증을 거치면서 더욱 굳힌 생각이다. 그때 먼 곳에서 일부러 찾아와 요가 교실에 참가했으나 생소한 동작과 순서를 단번에 기억하기에는 무

리가 있었기 때문에 기억에 의존해 수련하다 오히려 장애가 생겨 급히 마련한 요가 실기 테이프에 의해 만족한 결과를 얻은 사실도 있기 때문이다. 능력이 있다면 모를까 임의로 순서를 바꾸지 않길 당부한다.

앞의 동작을 마치면서 팔을 뻗친 그대로 엉덩이를 발뒤꿈치에 붙이면 무릎 꿇은 자세가 된다. 그 모습으로 잠시 호흡을 가다듬고 난 후 다음 동작을 취하면 마음의 여유가 생긴다.

발뒤꿈치를 엉덩이 밑에 세우고 양손으로 발등을 움켜잡고 팔꿈치를 굽혀 잡아당긴다. 이때 머리꼭지가 바닥에 대이게끔 고개를 맘껏 젖히며, 무릎이 바닥에 닿도록 노력한다. 이때 발바닥의 각도가 어떠하냐에 따라 느낌이 달라짐은 말할 것도 없다. 되도록 발바닥을 세우려고 애를 써야 한다. 통증은 허리 뒤쪽과 넓적다리 앞부분을 중심으로 하여 벨트 선 아래쪽이 특히 심하다. 참기가 너무 힘들면 발뒤꿈치 사이의 간격을 조정하면 되고, 보다 나은 자세는 그 사이를 좁힐 수 있는 것으로 충분하다.

이 자세를 두고 우리 일상의 동작을 살펴보자. 절대적으로 가슴과 다리 앞면이 가까웠던 일은 있어도 이 사진만큼 멀리 했던 적은 별로 없다. 그러므로 통증이 오는 부위의 근육은 늘 심하게 위축되어 있다. 이 동작은 오므라진 근육을 늘려 주면서 그 속에 쌓여 있던 노폐물을 뱉어 내게 한다. 반면 늘어난 허리 뒤쪽 근육은 적당히 수축되면서 특히 신장을 자극하여 기능을 극대화한다. 젖혀진 가슴은 심폐 기능을 도와 허파 속속들이까지 신선한 공기를 받아들이고, 항상 고여 있던 좋지 못한 유해 독소까지 모두 제거한다. 이때 온몸에서 사용하고 난 노폐물을 회수하여 심장을 거쳐 돌아온 혈액은 유해 물질을 뱉어내고, 맑고 깨끗한 공기에서 몸에 필요한 요소들을 충분히 흡수하여 구석 구석의 세포에 전달하게 된다. 이런 활발한 정화 능력으로 인하여 자세가 이쯤 진행되면 웬만한 사람도 스스로의 몸에서 배어 나오기 시작하는 진한 냄새를 느끼게 된다. 건강에 자신이 없는 사람은 옆 사람을 의식해야 할 정도로 심하다.

손바닥에는 온몸에 상응하는 반응점이 골고루 분포되어 있다는 사실은 이미 상식이

되었다. 발바닥도 그런 점에서는 동일하다. 이 자세는 발가락에 대단한 압박을 가한다. 그러므로 얻는 효과도 크다는 점을 명심하고 바른 자세에 충실하여야 한다.

이쯤 되면 자세가 어떤 원칙으로 구성되었는지 짐작이 갈 것이다. 앞의 동작은 젖혔으니 이번 자세는 당연히 오므려야 옳다. 요가의 이념 가운데는 평소 생활 습관에 따른 편향적인 자세를 극히 짧은 시간이나마 그와 상반되는 자세를 해줌으로써 인체가 본래 갖고 있는 항상성을 활성화하여 잃었던 균형 감각을 되찾고, 조화를 통한 건강체를 만드는 데 목적이 있다.

제각기 자신은 스스로가 더 잘 안다고 말하지만 인체의 능력은 우리의 상상이 미치지 못할 정도로 치밀하다. 지금 여기에 소개한 요가 자세를 모두 수련할 때 걸리는 시간은 한 시간이 채 못될 것이다. 그러므로 한 동작에 배분되는 시간은 이십 초에서 삼십 초에 불과하다. 그러나 이에 비해 얻는 이익은 형용하기 어려울 정도로 놀랍다. 이는 자세 구성의 치밀함이라기보다는 인체 스스로가 갖는 놀라운 자연 회복력의 결과라 하여야 옳다.

사진은 다리를 굽혀 가슴에 꼭 껴안은 자세이다. 이때 턱은 가슴을 압박하듯 수그려서 등줄기가 좀 더 확실히 펴지도록 의식을 집중한다. 바로 이전 자세에서 강조한 바와 같이 손바닥으로 발가락이 강한 자극을 받도록 힘껏 누르며 바짝 끌어당긴다.

이때 손끝으로는 용천을 눌러야 한다. 용천은 발가락에서 중앙으로 가다가 약간 움푹 패이기 시작한 곳을 말한다. 이 곳을 한방과 중국 무술에서는 중히 여긴다. 이곳이 심한 충격을 받으면 머리 꼭대기의 백회혈이 터져 죽는다는 말이 있다. 그런 까닭에 중국 무술에서는 이 급소의 노출을 꺼려 발 차기 동작이 별로 없다고 한다. 우리에게도 '지랄 용천'이란 말이 있다. '솟을 용'자에 '하늘 천'자를 쓰면 지랄이 심하여 하늘이 뚫어지도록 한다는 뜻도 되지만 지랄병을 할 때 용천으로 다스린다는 뜻이 옳다.

운동 선수들이 갑자기 경련을 일으키며 쓰러졌을 때 코치나 감독이 뛰어나가 다리를 추켜들고 발바닥을 두드려 응급 조치를 하는 것이나, 노인들이 심심풀이로 발바닥을 두드리

는 것도 바로 이 때문임을 알면 이해가 쉽다.

오므렸으니 다시 젖힌다. 이 자세는 조금 까다롭다. 나 역시 이 자세를 처음 익힐 때 몹시 힘들어했던 기억이 아직 생생하다.

먼저 편안히 누워 발뒤꿈치를 엉덩이에 바싹 붙인다. 손끝이 어깨에 닿게 한 채 손목 쪽을 머리 위쪽으로 향하게 손을 놓고 아랫배를 힘껏 밀어 올리며 고개를 능력껏 젖혀 입술이 바닥에 닿게끔 하면 완성된 자세이다. 이때 머리와 발 사이가 너무 가까우면 엉덩이가 들리지 않는다. 이런 경우 발을 조금 멀리 내딛고 다시 시도하면 기분 좋게 올라간다. 그러나 쉽게 이루어지지 않는 자세이다. 다만 그렇게 해야겠다는 생각을 명심하고 노력하면 반드시 멋진 자세가 나온다.

평소에 두 손을 머리 위로 뻗은 채 기지개 한 번 늘어지게 켜고 나면 금방 컨디션이 새로워지는 것을 경험을 통해 알고 있을 것이다. 그러므로 모든 운동이 줄 수 있는 최소한의 효과는 이런 점에서 동등하다.

좀처럼 따라하기 쉽지 않은 자세지만 한 번 애를 씀으로써 근육과 신경, 뼛속까지의 모든 세포가 다시 기력을 찾게 된다. 이 점을 충분히 이해하고 조급한 마음으로 실망하거나 초조해하지도 말고 온 힘을 다해 잔뜩 애를 써 봄으로써 전신에 활력을 되찾아 줄 수 있는 것으로 우선 만족하면 된다.

기우라는 말이 있다. '기'라는 나라의 사람이 하늘이 내려앉을까 봐 걱정했다는 고사에서 나온 말이다. 누가 갑상선 기능 장애를 겪으며 고통받는 것을 보고 요가 책을 뒤져 찾아내어 응용한 자세이다. 지나친 기우가 동기가 되어 삽입하게 되었다. 일반적인 병의 증상이 그렇지만 갑상선 기능장애로 오는 극심한 피로감은 주체를 못할 지경이라 한다.

목의 앞부분이 신장되면 갑상선이 강한 자극을 받게 되고, 신진 대사를 관장하는 갑상선 호르몬의 분비가 왕성해짐으로써 기력을 되찾게 된다.

요가 교실에 참여하던 한 부인의 이야기이다. 꽤 오래 전부터 갑상선에 이상이 생겨 백약이 소용없었다 한다. 소문을 듣고 요가를 시작한 후 한 달 만에 수저 들기도 힘들어하던 때와는 달리 두 채의 이불을, 그것도 손빨래를 하였다고 흉내까지 내가며 기쁘게 말했다. 요가 교실에 오갈 때 소요되는 시간이 무려 다섯 시간이 되지만 항상 즐겁다고 한다.

지금 설명하고 있는 일련의 요가 자세에서도 이와 관련된 자세가 한두 가지가 아닌 만큼 이것이 좋다고 하여 집중적으로 하는 일은 없도록 거듭 당부한다. 다시 강조하지만 균형과 조화를 중시하고 구성한 자세이니 만큼 어느 자세에서 어떤 장점을 설명하였다고 하여 그 자세에만 관심을 기울여서는 안 된다.

앞의 자세가 뒤로 젖힌 자세이니 이 자세는 오므린 자세에 속한다. 앞 자세를 풀고 등허리를 바닥에 편히 댄다. 두 다리를 수직으로 높이 들고 두 손을 머리 뒤로 넘겨 만세를

부르는 자세로 잠시 쉰다. 숨을 고르고 나서 다리의 반동을 이용하여 발을 머리 뒤로 넘기면서 두 손으로 재빨리 등허리를 짚은 채 팔꿈치로 바닥을 버텨 조금 더 다리가 머리 뒤쪽으로 갈 수 있도록 노력한다.

몸이 많이 굳어 있는 사람은 처음부터 시도하기가 만만치 않은 동작이다. 그러므로 이 동작으로 인하여 한바탕 웃음꽃이 피기도 하지만 목 뒤의 근육을 완벽히 늘일 수 있는 좋은 자세이다.

어느 누가 무선 전화기가 성능이 나빠 버리겠다고 해서 얻어 왔다. 외제라서 모르는 글자이긴 했지만 겉에 쓰여진 글로 대충 감 잡으니 한 번 충전하면 일 주일이 간단다. 며칠을 두고 완전하게 충전과 방전을 거듭했더니 한 번 충전하면 오일 가량 쓸 수 있었다. 그 사람만이 아니고 그런 전화기는 대개 충전기에 마냥 올려놓았다가 통화를 할 때만 겨우 떼었다가 통화가 끝나면 다시 올려놓길 반복한다. 그렇게 사용하면 통화가 잠시만 길어져도 전화기는 내려놓으라고 삑삑 댄다. 그 놈도 습관성이 있어서 아무리 충전량이 많아도 항상 쓰던 만큼 이상은 작용을 안 한단다.

인체도 마찬가지이다. 우리들은 일과 중 대부분을 고개를 약간 숙이고 지내게 된다. 그러나 이렇게라도 마음먹고 숙이려면 숨이 콱 막혀 오고 뒷덜미가 당기는 것이 수월하지 않다. 그렇다고 반대 자세가 잘 되는 것도 아니다. 이런 현상은 근육이 어중간한 곳에서 굳어져 버렸기 때문이다.

이 동작은 목덜미의 근육을 한껏 늘려서 뭉친 근육을 풀어 주는 효과가 있으며, 목 앞부분에 위치한 갑상선과 부갑상선의 기능을 정상화시킨다. 제법 익숙해지면 팔을 뒤쪽으로 쭉 뻗어 손 깍지를 낀 채 가슴을 펴듯 힘을 주면 어깨의 근육과 관절을 동시에 유연하게 하는 효과가 있는 좋은 자세이다.

앞 자세에 연결된 동작이다. 버틴 팔꿈치를 좁힐수록 몸통은 곧추서게 된다. 등판을 잘 받치고 조심스럽게 다리를 밀어 올린다. 하지만 너무 무리를 하지 말아야 한다. 특히 목에 온몸의 무게가 실려 있는 만큼 남에게 함부로 도움을 청하거나 장난을 하는 등 위험한 일은 결코 없어야 한다.

두어 해 전쯤의 일이다. 중학교 이 학년에 재학 중인 아이에 대하여 자모가 조언을 구해 왔다. 팔 개월 전부터 아이가 갑자기 맥을 못 추더니 내내 잠에 빠져 있더란다. 한두 달은 선생님의 선처로 오전 수업을 받았는데, 그 후부터는 한 시간 수업도 힘들어서 출석 확인하는 정도로 등하교를 하고 있다는 것이다. 도리가 없어 용하다는 의사를 찾아 비행기를 이용해—결석을 할 수 없기 때문이다—통원 치료를 받고 있다는 것이다. 하지만 기대는 못하겠다고 했다. 듣고 보니 딱했다.

본인을 만나 보니 잠에 취해 인사불성이다. 느낌에 장내에서 배출되지 못한 노폐물이 독소를 만들고, 이것이 몸으로 흡수되면서 뇌에 영향을 미치지 않았을까 하는 생각을 했다. 여하튼 잠만 자려는 녀석을 보니 한심하다는 생각이 들었다. 어쨌든지 녀석이 갈 생각은 안 하고 부시시한 모습으로 요가를 따라 하겠다 한다. 그렇게 보낸 일 주일 만에 학생은 마당에서 공을 차게 되었다. 어린 아이였지만 자기가 의지를 갖고 덤벼들어 얻은 결과이다.

"병은 스스로 나으려고 하는 의지가 있어야 의약이 돕는다"라는 말이 맞다. 군더더기의 말이지만 학생도 일 주일 만에 허리띠 구멍이 셋이나 줄었다. 이런 일은 비일비재하기 때문에 놀랄 것도 없다. 요가의 탁월한 몸매 관리 능력 중 하나일 뿐이기 때문이다.

그러므로 일본 사람들은 장내 숙변 제거를 건강의 첩경으로 여긴다.

내장의 모양이 꾸불꾸불 한 것을 보면 굳이 말로 설명하지 않아도 오물이 잘 끼게끔 생기지 않았는가. 더구나 직립 활동을 하는 인간은 중력으로 인하여 장내 아랫부분에 노폐물이 가라앉아 배출이 용이하지 않다고 한다. 그래서 몸의 위치를 바꿔 주는 것은 그런 동작으로서 노폐물이 쉽게 흘러 나가도록 하려는 의도에서이다. 또한 머리와 다리의 위치를 바꾸어 줌으로써 다리에 몰린 피를 머리 쪽으로 보내 혈행이 시원치 않아 쌓인 피로를 말끔히 회복시켜 주는 효과에 대한 기대 때문이기도 하다.

모든 요가 동작은 한 동작을 마칠 때에 반드시 완성된 자세를 이루기까지의 역순으로 풀어야 한다. 지금 같은 경우 앞의 동작을 풀면서 다시 그 앞 동작으로 돌아갔다 오면 훨씬 연결 동작이 부드럽다.

첫번째 동작은 등을 바닥에 대고 두 다리를 든 채 만세를

불렀다.

두 번째 동작으로는 허리를 들어 발이 머리보다 멀리 가도록 했다.

세 번째 동작으로는 물구나무서기를 했다.

동작을 풀 때에는 물구나무서기에서 등을 꼿꼿이 세운 채 다리만 다시 머리 뒤로 내린다. 그 다음 등을 바닥에 대고 다리만 수직으로 세운 채 숨을 고른다. 한 동작 더 한다면 다리를 비스듬히 내리다 잠시 멈춰 아랫배에 힘이 느껴지도록 한 후 마치면 된다.

이 그림의 포즈는 허리와 배 근육을 강화시킨다. 배의 근육을 강화시킴으로써 아랫배의 처짐을 방지할 수 있을 뿐만 아니라 날씬한 허리를 만들 수도 있다.

의외로 허기증에 시달리는 사람이 많다. 먹기 위해 산다는 말이 있기도 하니 먹는 것이야 흉이 될 바는 아니지만 아무리 먹어도 배가 고프다면 그것도 병임엔 틀림이 없다. 배의 근육이 강화되면 늘어졌던 뱃가죽이 자연히 배 근육의 탄력에 의해 수축되면서 아랫배가 끌려 들어가게 된다. 처졌던 위장이 제자리를 잡게 되면 약간의 음식물이 들어가도 곧 만복감을 느끼게 된다.

이와 같은 연유로써 항상 고민하던 많은 사람들이 불과 삼사 일 사이에 요가의 효험을 만끽하고 즐거워하는 것을 자주 보았다. 다시 말해서 요가의 위력은 속전 속결이다.

한 아가씨에게 물었다.
"요가를 해본 느낌이 어떻습니까?"
그 아가씨 대답은 간단했다.
"스님! 붙을 데는 붙고 빠질 데는 확실히 빠지던데요!"

지금도 다음 그림의 자세를 취할 때 아주 가끔 어떤 스님의 충고가 생각난다. 뻣뻣한 몸으로 요가를 하겠다고 끙끙대는 내게 보기가 안타까웠는지 한 말씀하셨다.

"스님! 스님일랑은 하시던 운동이나 하십시오. 금생에는 요가는 생각지 마시오."

그 동안 요가를 한다고 애쓰는 모습을 지켜보시기 안타까워했던 스님들께 아직도 죄송할 따름이다.

특히 이 자세는 더욱 심했다. 며칠을 두고 애쓰다 결국 허리가 들렸다. 그런데 금방 웃음 바다가 되었다. 사연인 즉 무릎부터 팔꿈치까지 평평했기 때문이다.

앞에도 이와 비슷한 자세가 있었다. 시작하는 방법도 동일하다. 등을 대고 누워 발뒤꿈치를 엉덩이에 붙이면서 무릎을 세운다. 발 사이는 어깨 넓이 정도 벌려야지 쓰러지지 않을 수 있다. 손끝이 어깨 쪽으로 닿게 하여 확실히 바닥을 짚고 머리꼭지에 몸의 무게가 실리도록 고개를 젖히며 허리를 높이 추켜든다. 그 다음 힘을 모아 한꺼번에 쓰면서 팔을 쭉 펴면 된다.

이 동작을 쉽게 하는 사람은 아주 쉽게 하지만 어려워하는 사람은 아주 어렵게 하는 자세이다. 즉 무진 애를 쓰고 나서야 이루어지는 자세이다. 차분한 마음으로 꾸준히 노력하다 보면 환희의 탄성이 저절로 터져 나올 때가 있다.

노력파는 혼자서도 가끔 시도해 보겠지만 그럴 필요까지는 없다. 오히려 실망만 할 수 있기 때문이다. 왜냐하면 이 자세까지 오도록 몸의 긴장이 어느 정도 풀렸기 때문에 오히려 요가 시간에 하는 것이 훨씬 수월하게 동작이 이루어지기 때문이다. 그러나 아무런 준비도 없이 이 동작만 하려면 만만치 않다. 그러므로 요가 수련 중에 한 번씩 애를 써 본다는 것에 더 큰 의미를 두고 노력하면 결국 완성된 자세가 나오게 된다.

얻는 효과는 몸 앞부분의 근육을 완벽하게 늘려 줄 수 있기 때문에 전신의 피로를 푸는 데 매우 좋다. 잔뜩 굽어 있던 척추가 한껏 젖혀짐으로써 균형을 찾게 되고, 허리의 강한 자극은 신장에 있는 찌꺼기를 말끔히 밀어 내는 작용을 한다.

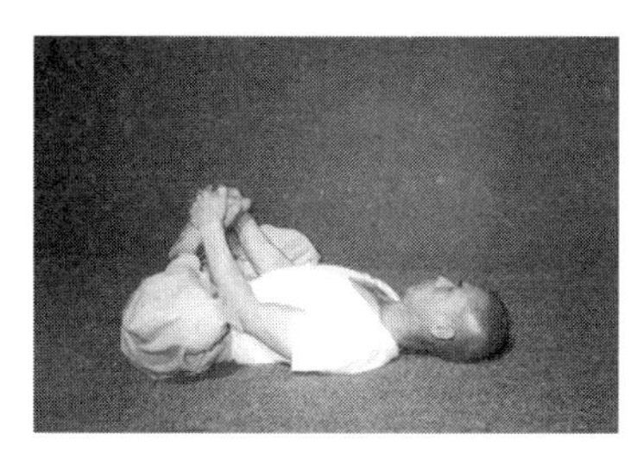

누워서 하는 동작을 마무리하는 자세다. 두 손으로 발 안쪽을 잡아 쫙 벌린다. 다시 두 발바닥을 마주 대고 손끝으로 움켜 쥔 채 가슴을 뾰죽히 내밀 듯하며 등줄기의 긴장을 푼 후 일어나 앉는다.

이 자세는 신선도에서 장근술이라 하여 중히 여긴다. 이 말을 믿을지 모르겠으나 "장근술을 꾸준히 수행하면 노인은 젊어지고 젊은이는 늙지 않는다"라고 했다. 이 말을 믿은 것은 아니나 정말 한 동안 열심히 했다. 요가에서는 숨을 토하면서 상체를 숙이지만 장근술은 숨을 들이마시면서가 아니고 숨을 들이마신 후 몸을 숙이는데 여든한 번이나 백팔 번을 하면 그 효과가 있다고 한다. 하지만 내게는 늙고 젊고가 문제가 아니었다. 두 다리를 뻗고 팔을 아무리 뻗어봐도 도무지 발끝에 손이 닿지 않았다. 나로서는 오히려 손이 닿는 사람들이 이상하게 여겨질 정도였다.

하루에 백팔 번 정도가 아니라 천 번도 더 했다. 그렇게 열심히 일 년 가까이 하니까 겨우 팔목이 발끝을 지났다.

수개월 전 처음 요가 수행자를 만났다. 십오 년 세월에 아직도 어설퍼 보이기만 한 자세를 보더니, 그 정도면 대단히 부드러운 편이라고 했다. 그러나 단서가 있었다. "보디

빌더 치고는!"

장근술은 숨을 들이마신 채 몸을 숙여 아랫배를 압박한다. 그러면 배에 복압이 생긴다. 그로 말미암아 오장 육부가 강한 자극을 받게 되는 것이다. 마찰의 효과는 내장 속의 노폐물을 훑어 내고 압박에 의해 피돌기가 왕성해진다.

여기에서 얻고자 하는 이익은 뒤쪽, 즉 머리 꼭대기에서부터 등허리를 거쳐 발바닥 끝까지 완벽하게 늘려줌으로써 온몸의 혈액 순환을 돕고, 척추 근육을 단련하여 부상을 방지하며, 손상된 조직을 회복시키는 데 있다.

발생한 복압은 오장 육부를 튼튼히 하고, 혈액 순환을 왕성하게 함으로써 온몸의 세포에 쌓인 노폐물을 신속히 배출하게끔 한다.

이 동작을 하면서 무릎 밑을 띄우지 않을 즈음이면 놀라운 효과가 나타난다. 그때는 아무리 걷거나 서 있어도 피로를 느끼지 않게 된다. 채 보름이 안 되어도 경험할 수 있는 이익이다. 처음에는 무릎 밑의 힘줄이 끊어지는 듯한 고통을 느끼게 된다. 그러나 절대로 무릎을 굽혀서는 안 된다.

다음 사진의 동작은 무릎 꿇은 채 몸은 엉덩이까지 일으킨 상태에서 시작한다. 뒤로 젖힌 포즈는 골반과 허리 뒷부분에 강한 자극을 가져온다. 이 동작에서는 특히 대퇴부 앞부분으로 느껴야 하는 고통이 만만치 않다. 그러나 이런 통

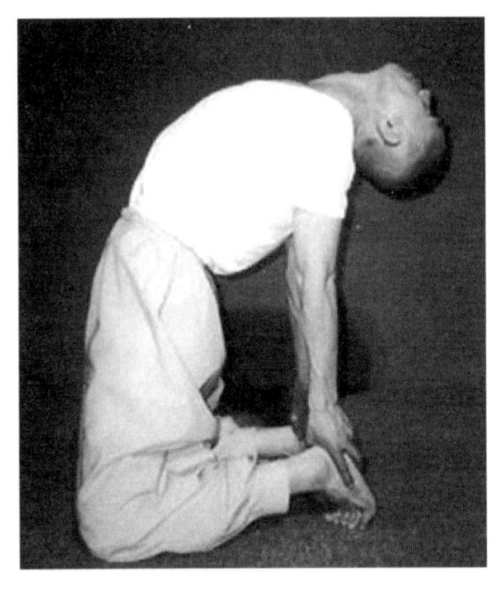

증은 굳어 있는 근육이 신장되거나 수축되면서 나타나는 반응이므로 오히려 당연히 받아들이면 된다.

많은 운동법이 있으나 요가만큼 효과를 빨리 확인할 수 있는 것도 없을 것이다. 아무리 요가가 좋다고 강조하더라도 하는 사람이 그것의 이익을 속히 느끼지 못한다면 무턱대고 따라 할 사람은 요즘과 같은 바쁜 세상에선 어림도 없는 일이다. 어느 운동이나 정도의 차이만 있을 뿐이지 운동 시작 며칠간은 몹시 부담스러운 것도 사실이다. 그러나 요가를 처음 하고 난 느낌은 몸이 가볍고, 기분이 상쾌하며, 훨씬 몸 동작이 부드럽다는 것이다. 다음날엔 신장과 수축, 확장과 이완을 반복하였던 전날의 몸 동작으로 인해서 전신의 근육과 세포들이 보이는 반응으로 통증을 느끼기도 하지만, 지난밤 깊은 수면을 취한 즐거움과 시원스런 통변 등이 요가의 위력을 충분히 입증함으로써 다시 요가 시간을 즐거운 마음으로 기다리게 한다.

잠을 제대로 이루지 못하는 사람에게는 오히려 밤 시간이 고통스럽다. 불면증은 일상에서 오는 심한 긴장감이 자율 신경의 혼란을 야기하여 겪게 되는 현상이다. 요가의 모든 동작이 균형 감각을 중시하고, 조화를 꾀하며 발전하여 왔기 때문에 특히 의약이 별로 도움이 되지 않는 신경성 질환에는 놀라운 영험을 발휘한다.

이 동작을 시작할 때는 먼저 무릎을 꿇고 넓적다리를 세워 선다. 극히 몇 사람은 단지 이 자세에서도 대퇴부와 골반 그리고 허리에 강한 통증을 느낄 정도로 보기보다는 자극이 강한 자세이다. 고개를 뒤로 비스듬히 젖히고 어깨를 한쪽으로 비틀면서 팔을 내리 뻗어 발뒤꿈치를 잡고 나머지 한 손도 마저 잡는다. 팔을 의지하여 머리를 뒤로 확실히 젖히며 골반 앞부분을 내밀면서 그 부위를 중심으로 전해져 오는 느낌을 자세히 관찰한다. 발바닥을 세운 채 자

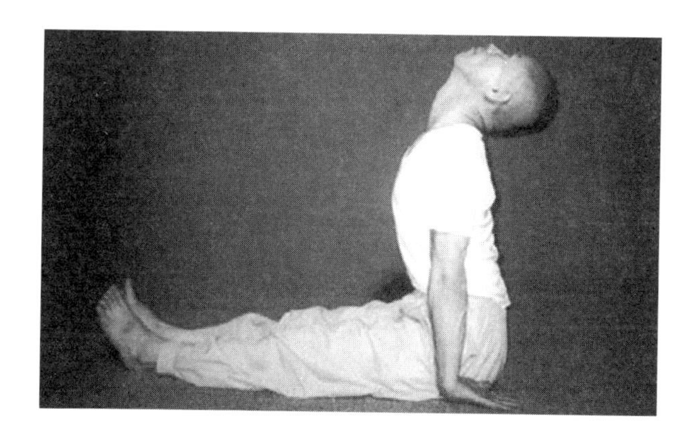

세를 이루면 몸이 굳어 있는 사람이라도 자세가 한결 부드러워짐을 느낄 수 있을 것이다.

연결되는 자세는 힘겨운 동작 끝에 잠시 휴식을 취하는 기분으로 하면 된다. 두 다리를 쭉 뻗고 편하게 앉는다. 고개를 확실히 젖히고 손등을 바닥에 밀착시킴으로써 이 자세는 완성된다.

많은 사람이 손목의 경직을 대수롭지 않게 여긴다. 그러나 인체 가운데에서 손목만큼 부지런하게 쓰이는 곳도 없다. 움직이는 것이 다 운동이라고 할 수 없다고 했듯이 부지런한 손목이지만 하찮아 보이는 이 자세가 제대로 이루어지지 않는 사람이 적지 않다. 어느 사이 세월이 흐른 탓도 있으려니와 노동과 운동을 구분하지 못한 채 혹사시켜 온 손목이 늙고 굳어진 까닭이다.

목 부위는 어떠한가? 사정은 별반 다를 것이 없다. 많은 사람이 목 부위의 통증을 호소하면서도 뾰족한 수가 없어 당연하다는 듯 여기는 경향도 심하다. 몇몇 사람은 혈압에 의한 증세라고 걱정도 하지만 그것이 의약으로 만만하게 다스려질 일이 아님을 알아야 한다.

환갑이 됐음직한 부인이 열심히 요가 교실에 나왔다. 낮에 얼굴을 나타내지 않으면 밤에라도 꼭 모습을 보였다. 그 부인이 한 달쯤 지나서 밝은 얼굴로 다가와 수줍게 그 동안의 느낌을 말했다. 적은 규모이지만 가내 공업을 하고 있는 집의 안주인으로서 하루의 노고가 이만 저만이 아니라는 것이다. 여러 명 되는 직원들의 점심과 간식까지 도맡아 해야 하고, 짬짬이 공장 일도 거들어야 하니 저녁 무렵만 되면 목이 뻣뻣해지고 팔다리가 무거워 저녁 설거지도 못할 지경이라는 것이다. 지병도 있어서 하루 하루를 약에 의지한 채 불안하게 지내다가 이웃 부인의 권유로 요가를 시작했다고 한다. 조막손 하나라도 아쉬운 처지인데 큰 일꾼이 한낮에 자리를 비우니 남편 눈초리가 달라졌지만 자신이 살 수 있는 길은 오직 이길 뿐이라고 여기고 남편과 협상을 했다고 한다. 병원에 다니나 요가를 하나 시간 쓰기는 일반인데, 하루에 두 시간만 허락한다면 아무런 바람도 없다고 했다는 것이다. 그렇게 요가를 시작한 이후 병원도 가지 않고, 먹던 약도 버렸다는 것이다. 그리고 오로지 요가에만 전념했더니 어느 사이 뻣뻣했던 목과 등줄기가 풀리고 저녁에도 아침과 같이 힘이 펄펄 넘치더라는 것이다. 얼마 지나지 않아 남편도 열심히 출석하였다.

앞의 부인과 같은 증상은 중년 이후 어쩔 수 없이 겪게 되는 일반적인 현상이다. 다시 말하면 인간이기에 치르게 되는 통과 의례인 셈이다. 우리의 일상 생활 중에 잠시라도 고개를 젖힐 일이 거의 없다는 점을 새삼 깨달으면 이해가 빠를 것이다.

인체 가운데 부피에 비해 가장 무거운 부분이 머리라고

한다. 밥먹고, 빨래하고, 책보고, 궁리할 때조차 고개를 젖히고 하는 일은 없다. 그러므로 목 주위의 근육은 항상 부하가 걸려 있게 된다. 이로 말미암아 머리 밑부터 어깨에 걸친 부분이 항상 긴장 상태에 있다. 다시 그대로 굳어진 결과, 나이 들고 세월을 흘릴 만큼 흘렀다 싶으면 항상 묵직한 기분에 시달리게 된다. 이런 증상이 오십 살 전후로 나타난다고 해서 오십견이라고도 한다.

그러므로 요가 시간만큼은 꼭 유념하여, 스스로 알아서 목을 젖히거나 돌려야 할 때 몸만 따라 준다면 맘껏 자세를 취하자는 것이다.

특히 인체에서 가장 빨리 노화 현상이 나타나는 곳이 목자가 들어가는 곳과 대퇴부 안쪽이다. 그래서 양생술에서도

이 부분을 유연하게 하기 위하여 대단히 많은 공을 들인다는 것을 알 수 있다. 즉 손목, 발목 그리고 어깨 위의 목과 대퇴부만 잘 다스릴 수 있다면 젊음을 오랫동안 간직할 수 있다고 여기는 것이다.

이 자세에서도 당연히 고개를 젖힐 수 있으므로 젖힌 상태에서 실행한다. 두 손은 깍지를 낀 채 손바닥으로 천장을 떠밀듯이 팔을 쭉 펴며 깊은 숨을 코로 들이쉰다. 그런 다음 숨을 아주 천천히 토하며 손을 머리 뒤로 내리면서 맘껏 어깨를 젖힌다. 이 동작은 호흡 기능을 도울 뿐만 아니라 어깨의 경직을 풀고, 목 주위의 긴장을 해소하는 데 많은 도움을 준다.

이때 앉는 자세는 가부좌를 할 수 있다면 더욱 좋다. 앉

는 자세 중에 가장 완벽한 자세로서 "올바른 가부좌는 만병을 다스릴 수 있다"고 한다. 몇몇 사람은 팔을 귀에 대기가 수월치 않을 것이나 시간이 결국 해결해 준다. 천천히 호흡과 동작을 일치시켜 5~6회 반복한다.

이름이 무슨 소용이 있는가? 단지 인간이 편리하게 사용하기 위해 만든 것일 뿐이다. 요가 교실에서는 이어지는 다음 동작을 '가위바위보' 자세라고 불렀다. 제법 정감이 있는 이름이지만 자세는 별로 그렇지 않은 모양이다. 요가 책을 뒤져 봐도 몇 가지 자세는 어디에서도 찾아낼 수 없다. 이유인 즉 내가 만들어 꿍쳐 넣은 것이기 때문이다. 이것도 그런 것 중의 하나이다.

조선시대 무신이었던 박인로는 열세 살에 '대승음'이라는 한시를 지어 주위를 놀라게 했을 정도로 어려서부터 글재주가 있었다. 그의 「선상탄」이라는 글의 서두는 "(임금님이) 늙고 병든 몸을 수군으로 보내시므로……"라고 시작된다. 문득 그가 그 글을 지을 때의 나이를 헤아려 보니 놀랍게도 사십오 세였다. 벌써 그 나이를 넘긴 스스로를 생각하니 감회가 서린다.

그래서일까? 나이 들어 툭툭 불거지는 관절을 내보이며 하소연할 때에는 듣는 나도 마음이 안쓰럽다. 이 자세도 궁리 끝에 만든 것이다. 요즈음 아이들은 가위바위보를 하기 전에 뭔 짓을 하는지 몰라도 어릴 때 우리는 손을 비틀어

잡은 후 한 바퀴 휘돌려 손바닥 사이로 나타난 주름의 정도를 들여다보고 무엇을 내밀 것인가 작정하며 놀던 기억에서 이름을 그렇게 붙인 것이다.

이 동작은 손가락 마디 마디의 관절을 비틀어 자극하고, 손목의 비틀림에 의해 관절의 유연성을 회복하게 한다. 팔뚝 전체의 근육을 비틀듯 늘려줌으로써 경직되었던 근육이 풀리고 손에 반갑지 않게 찾아오던 경련도 사라지게 된다. 손 깍지를 끼고 팔뚝을 휘감으면서 세월의 무게를 느끼는 사람이 한둘이 아니다. 깍지를 약간 여유 있게 끼면 흉내는 낼 수 있으니 노력을 아끼면 안 된다. 깍지 낀 손을 곧게 뻗고 크게 원을 그리면서 아주 천천히, 몸통을 통해 전해지는 느낌을 음미하며 오르내리는 동작에 호흡을 일치시키면서 한다. 머리를 뒤로 젖힌 채 할 수 있는 동작이란 것도 명심해야 한다. 한쪽 동작이 끝났으면 본디 시작했던 위치까지 돌아와 손의 아래위의 위치만 바꾸어 같은 동작을 되풀이한다. 어깨와 팔 전체의 모든 관절과 굳은 근육을 풀어주는 효과와 팔 저림 증세에 묘한 영험이 있다. 역시 5~6회 반복한다.

다음 사진의 자세도 손가락과 손목을 의식하고 구성한 것이다. 먼저 손바닥을 합친 상태로 모으고 그대로 깍지를 낀다. 손바닥이 앞쪽을 향하게 하여 검지손가락 끝이 바닥에 닿도록 한 후 서서히 손목을 앞으로 미는 듯한 기분으로 손바닥 전체를 바닥에 밀착시키면 완성된 자세이다.

이때도 고개는 확실히 젖힌다. 이 동작도 그리 수월하지 않다. 손바닥을 바닥에 밀착시키기 어려운 사람은 손가락 깍지를 깊이 끼지 말고 빠지지 않을 정도만 끼면 된다. 엉덩이를 높이 들고 일단 손을 내민 후 지그시 손바닥을 누르는 기분으로 자세를 만들면서 엉덩이를 내려놓는다. 이 자세에서 느껴지는 고통이 견딜 만하면 상체를 뒤로 빼는 듯한 자세를 취함으로써 더 강한 자극을 만들 수 있다.

자세 설명 가운데 동작이 어려운 사람에 대해 조언하고 있지만 이 일은 철저히 나의 경험담이라고 알면 된다. 요가 교실을 하면서 넉 달 사이에 천여 명에 가까운 다양한 사람을 만났다. 연세 들고 젊고에 관계가 없이 절 집에 드나드는 사람들이 대개가 여자이듯이 처음에는 남자분들이 몇몇밖에 눈에 띄지 않았다. 분위기가 무르익을 즈음에는 절반이 남자였다. 그러나 그 많은 사람 가운데 남녀 노소를 불문하고 요가를 해서는 안될, 아니 못할 사람은 한 사람도 발견할 수 없었다. 나도 결국엔 할 수 있었기 때문이다.

다리를 뻗고 앉아 손을 아무리 뻗어 봐도 손끝이 발에 닿지 않았다. 또 팔을 높이 들어 양 귀에 붙이려 하여도 어림도 없었다. 이 자세도 무척 힘들게 익힌 것 중의 하나이다. 여자분들도 만만해 하지 못하는 자세인 줄 요가 교실을 하면서 새롭게 알았다.

이 자세가 끝나면 팔을 쭉 편 채 손을 뒤집어 손등이 바닥에 완전히 밀착되도록 하여 젖혀졌던 손의 피로를 풀어 준다.

삼십 년 가까이 운동을 하며 느낀 몸의 반응에 대한 소감은 신비 그 자체였다. 그런 경험을 바탕으로 조언하건대, 혹시 어느 날 갑자기 몸이 불편하면 걱정부터 하지 말고 어제 무슨 일을 하였나를 생각하여 까닭을 찾아내면 된다. 그러면 근심이 일순간에 사라질 것이다. 인체의 정밀함은 우리의 상상력을 초월하기 때문에 별일 아닌 듯 싶어도 대체로 그 반응을 꼭 보이게 된다.

흔히 하소연하는 통증은, 세월의 무게에 짓눌린듯이 찾아온 어깨에 묵직한 느낌이라든지 목의 뻣뻣함, 그리고 등짝을 쥐어박는 듯한 괴로움과 가슴의 갑갑증이다. 지금 전후로 이어지고 있는 동작들은 이 점을 의식하며 구성했다. 외워두기 쉽게 어느 한 동작이 모든 이익을 가져다 주면 오죽

좋으리오마는 게으르고 어리석은 생각은 아예 말아야 한다. 계속 반복되는 비슷하지만 특색이 있는 다양한 동작들이 일상에서 오는 불쾌함을 해소하기 때문이다.

손을 허리 뒤로 돌려 손끝을 마주 대고 서서히 손가락부터 합치면서 등 쪽으로 밀어 올린다. 부처님 앞에 서서 합장하듯 손을 뒤로 돌려 합장한 것과 같이 하면 된다. 손이 자리를 잡았으면 어깨를 뒤로 맘껏 젖혀 가슴이 활짝 열리도록 한다. 어깨 앞부분에서 전해지는 느낌이 다소 참기 힘들겠지만 굳어 있던 근육이 늘어나면서 일으키는 반응이니 어쩔 수 없다.

다른 곳에서도 살필 수 있는 이치이지만 굳어 있는 곳은 무엇이건 꿰뚫고 지나가기 어렵다. 몸도 마찬가지이다. 굳어 있는 곳은 결국 막히게 되고, 막히면 병이 된다. 특히 목덜미와 굳어 있는 어깨 부위는 전신 마비를 부른다.

요즈음은 나이를 가리지 않고 중풍이 찾아온다고 한다. 중풍이 오는 가장 확실한 빌미가 바로 어깨를 중심으로 하여 경직된 근육 탓인 줄 알고 나면 결코 소홀히 할 수 없는 것이 이와 같은 요가 동작들이다.

강조하지 않더라도 목 주위와 어깨 부위는 머리와 몸통이 이어지는 곳인 줄 모르지는 않을 것이다. 만약 굳어 버린 근육과 세포가 담벽처럼 된다면 총명한들 무엇하며 사지가 멀쩡한들 어디에 쓰겠는가?

처음 입산하여 며칠이 지나지 않아서의 일이다. 출가하여 승려가 되기까지 자신의 마음도 정리할 필요가 있고, 절 집 풍습도 익혀야 하는 까닭에 수습 기간과 같은 행자 생활을 하게 된다. 아직 행자실 분위기도 파악하지 못했을 때 곧 행자 교육이 시작된다고 했다.

행자님들끼리 주고받는 말을 들으니 강사 스님이 여간 엄하지 않으셔서 지금 강의를 듣는 스님들에게도 가차없이 회초리를 든다고 하였다. 요즈음은 강의실이라든가 교수 방법도 변한 모양인데 그때는 서당식으로 행자들은 무릎을 꿇고 앉아 강의를 들어야 했다. 내게는 어느 자세도 편한 자세가 없어 방에 들어가기조차 겁나 했는데 첫날 강사스님의 앉는 자세가 바로 다음 그림의 자세였다. 깡말랐으나 고고한 자태에 희끗희끗한 머리며 음성에 억양까지 천하에 둘도 없으실 노스님이었다. 소문과는 달리 자상하였고 무릎끼리 척 붙이고 꼿꼿이 앉아 강의할 때에 그 모습은 정말 존경스러웠다. 그런데 한날 운동장엘 갔더니 스님들과 함께 축구를 하고 있었다. 연세가 어림잡아 칠십이 넘었으리라 생각했는데 정말 놀라웠다. 잠깐 지켜보니 몸놀림이 여간 가벼운 것이 아니었고 공을 차는 데도 지팡이 마냥 꼿꼿한 자세는 조금도 흩어지지 않았다. 그 당시 해인사 스님네의 축구 실력은 알만한 사람은 다 알던 때였다. 사관 학교 팀이나 부산지역 조기회 우승팀이 커다란 점수 차이로 지고 갈 때였다. 그런데 더욱 놀라운 일은 나 역시 승려가 되어 몇 개월이 지나서 일어났다. 그 스님이 군대를 간다는 것이었다. 아무 날 아무 시부로 징집 영장이 나왔던 것이다.

나이 애기, 한 마디 더한다. 누가 '내 나이가 얼마요' 할 때 비로소 '나도 저렇겠지' 하고 씁쓸해 한다. 거울을 볼일도 없으니 자신을 모를 수밖에!

먼저 오른쪽 무릎이 올라가게 겹쳐 놓는다. 올라간 다리쪽의 팔을 어깨 위로 돌리고 다른 팔을 아래로 휘감아 등 뒤에서 마주잡으면 된다. 다리를 바꿔 동일한 자세를 취하고 나서 다리를 풀기 전에 양 손의 엄지손가락으로 용천을 누르면서 상체를 앞으로 몇 번 깊이 숙이면 골반에 탄력이 붙게 된다. 아직도 내게는 어려운 자세이다. 왼쪽은 지금도 양손이 마주 잡힐 생각을 도통 하지 않는다. 그렇지만 꼭 한다.

비틀기 동작의 첫머리이다. 요가에서 이 동작들을 발견하고 평생의 운동법으로 마음을 굳혔다. 그러므로 개인적으로 애정을 갖고 하는 자세이다. 첫 자세이니 만큼 명심하자.

먼저 오른쪽 발이 엉덩이 바깥에 놓이도록 구부린다. 왼쪽 발의 끝 부분이 오른쪽 허리뼈에 닿도록 넓적다리 위에 올려놓고 왼손을 허리 뒤로 돌려 왼쪽 발등을 손등이 위로 향하게 하여 잡는다. 오른손은 왼쪽 무릎을 잡아당기며 어깨와 골반이 확실히 엇갈리게끔 돕는다. 쉽지 않은 자세이다. 더구나 욕심이 앞서 넓적다리 위에 올린 발을 몸 바깥쪽으로 삐죽 나가게 한 후 잡으려면 더 안 잡힌다. 이때는 발뒤꿈치를 오히려 배꼽 쪽으로 움직여서 발끝이 몸 바깥으로 지나치게 나가지 않게 유념하면서 잡으면 잡을 수 있다.

다음 사진의 동작으로 넘어 가기 전에 반드시 반대쪽도 같은 방식으로 해야 한다.

이 자세는 특별히 잘 되는 사람도 못 되는 사람도 없다. 처음 하는 동작이니 어설프기는 마찬가지이다. 요령이 붙고 애를 쓰다 보면 남과 같이 된다. 어깨, 팔뚝, 허리, 골반과 대퇴부의 근육이 풀리고 척추까지도 유연해지면 훨씬 수월해진다. 이 동작을 할 때 되도록 아랫배를 앞으로 쑥 내밈과 동시에 어깨를 틀면서 허리 뒤로 돌린 손으로 발끝을 잡으면 된다. 이때 머리도 틀어지는 방향으로 돌려야 한다는 점을 잊지 않는다.

요가를 하기까지 나에게 있었던 일들을 지루하게 이야기했다. 그때 새롭게 정립한 건강법은 단전 호흡을 통해 신선도의 사상을 엿보고 나서였다. 가장 먼저 머리에 떠오른 생각은 오장 육부가 제 기능을 못하면 절대로 건강할 수 없다는 생각이었다. 하지만 그것만으로도 안 된다는 생각이 뒤를 이었다. 마치 자동차의 엔진과 보디가 견고하고 성능이 뛰어나다 하여도 네 바퀴가 부실하면 그 차는 제 구실을 못하듯이 사지도 어떤 방법으로라도 계속 다스려야 한다는 생각이 그것이다. 본디 익힌 운동은 역기 드는 일밖에 없지만 나의 본분사가 수행인데 그것은 수행자가 하기에는 너무 제약이 많았다. 기구가 있어야 하고, 달리 준비된 장소도 필요하다. 그래서 연구 끝에 발견한 것이 바로 요가였다.

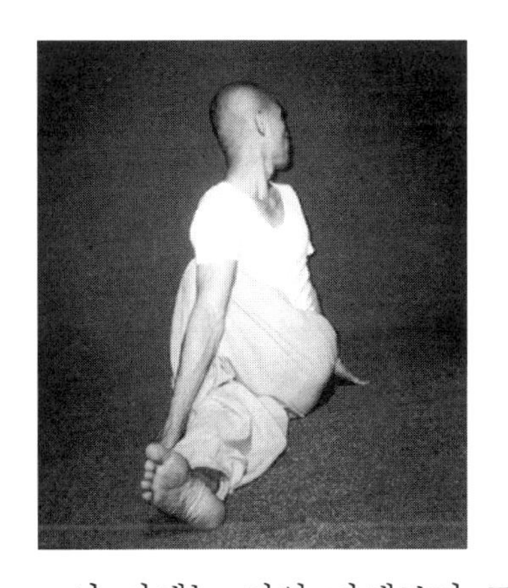
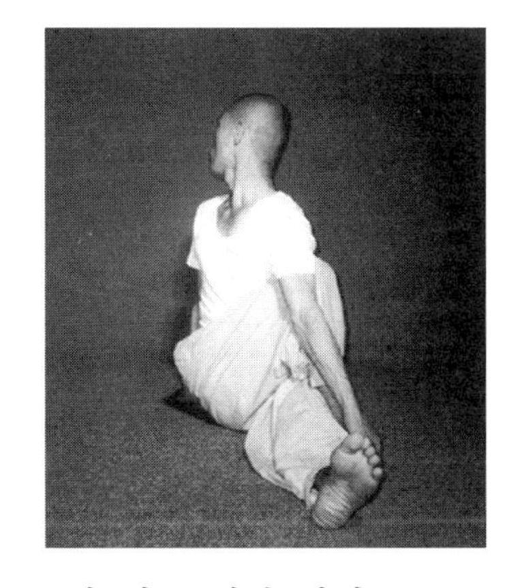

이 자세는 전의 자세보다 조금 더 애를 써야 한다. 오른쪽 다리를 뻗고 왼쪽 무릎을 굽혀 왼발을 반대쪽 다리 무릎 바깥에 놓는다. 오른쪽 어깨를 틀어 겨드랑이로 왼쪽 무릎 바깥쪽을 낀 채 팔을 뻗어 왼쪽 발바닥 안쪽에서 감아 잡는다. 이 동작을 취할 때 겨드랑이 밑에 무릎을 바짝 껴야 자세가 쉽게 이루어진다. 그러나 이 일도 보통 일이 아니다. 내가 처음 할 때 겨드랑이는커녕 팔뚝만 겨우 무릎에 닿았다. 두어 달이 지나서야 겨우 무릎에 팔꿈치를 걸칠 수 있었다. 그 정도만 되어도 힘쓰기가 훨씬 수월해져 자세가 나날이 멋있어진다. 그때는 팔꿈치를 굽힌 채 무릎을 등 뒤로 밀어내듯이 파고들면서 어깨를 젖힌 후에 굽힌 팔을 펴 발을 잡으면 된다. 팔을 편 채 힘을 쓰면 팔꿈치가 먼저 젖혀지기 때문에 아프기도 하고 힘도 제대로 쓸 수 없으니 기억해 두면 도움이 된다. 익숙하지 않을 때는 몸이 자꾸 쓰러진다. 한 쪽 팔로 바닥을 짚고 자세를 유지하도록 한다.

토굴을 떠나 도시로 나가 잠시 요가 강좌를 하고 있을 때 이 지방 사람이 요가를 익힌 후 돌아와 퍼트리고 있었다. 벌써 집집마다 테이프를 걸어놓고 따라 하는 사람이 기십 명이 된단다. 누구는 피부가 고와지고 누구는 기미도 벗겨지고 누구는 삼 십 년 묵은 병이 한꺼번에 싹 달아났다고 서로 자랑 중이라 했다. 자녀를 따라 훌라후프를 돌려도 삼십 번을 못했는데, 시간이 없어서 그렇지 요가를 하고 나서부터는 육, 칠백 개는 일도 아니란다. 당뇨병, 고혈압, 생리통, 속병까지 한꺼번에 물리친 아주머니는 더 해야 할 것이 없는가 하고 물어왔다. 나도 이 자세로 십오 년을 한다. 보디빌딩도 첫날 배운 운동으로 십삼 년을 한결같이 했다. 새로운 것이 좋다지만 운동만큼은 그렇지 않다. 그런 생각이 들 때에는 다리 놓는 곳이라든지 손잡고 비트는 동작을 조금씩 달리하면 느낌이 확 달라진다. 항상 연구하는 자세로 수련을 하면 훨씬 보람이 있다. 또 다양한 종류의 요가 서적도 많이 나와 있다. 동작 소개에 치중한 책은 수백 가지가 넘는 자세를 수록한 것도 있다. 그래도 기본적인 것은 수십 가지에 불과하다. 하여간 요가 서적을 다양하게 접해보면 이득이 된다. 발을 잡을 때에는 항상 용천을 눌러 준다는 것을 잊지 않도록 하자.

난이도가 더 높아졌다. 점점 더 옆구리, 대퇴부, 등과 복부의 느낌이 달라진다. 오른쪽 다리를 굽혀 발을 왼쪽 넓적다리 밑으로 넣는다. 그 후의 방법은 앞의 비틀기 자세와

동일하다. 왼쪽 발을 오른쪽 무릎 바깥에 두고 오른쪽 어깨를 틀어 겨드랑이에 세워진 무릎을 밀착시켜 등 뒤로 밀면서 팔을 펴서 발을 감싸 쥔다.

이 비틀기 자세가 익숙해져 여유가 생기면 비튼 상태에서 아랫배를 움직이면서 호흡을 하도록 한다. 요가 동작 중에 호흡 수련을 함께 하면 위험한 호흡법을 아무 장애 없이 익힐 수 있는 이익도 있고, 요가 자세에서 오는 효과도 몇 배로 높일 수 있다.

아기를 낳고 십 년 가까이 후유증으로 한쪽 다리 마비가 와서 고생하는 부인이 있었다. 의사 선생님도 어쩌질 못하고 결국 운동을 권유해 에어로빅, 수영, 남들이 좋다는 것은 다 좇아 다녔지만 소용이 없었다. 오래 전부터 알고 있던 일이라 요가를 권해 보기도 하고 테이프까지 만들어 주었지만 포즈에 미리 질려 버려 할 생각은 전혀 하질 않은 채 딴 짓만 하였다. 애들 방학에 왔길래 억지로 가르쳤는데 일 주일만에 집으로 돌아갈 때는 허리띠 구멍이 셋이나 줄었다.

사람의 마음, 아니 여자들 마음이야 비슷하지 않던가. 소문을 듣고 동네 부인들이 요가 학원을 찾아 몰려다녔다. 이 부인들은 함께 수영을 하던 친구들인데, 며칠만에 나타난 사람이 몰라보게 홀쭉해졌으니 그 비결이 무엇인지 호기심이 동했을 것이다. 그렇게 시작한 지 한 달만에 아파트 구 층을 뛰어서 오르락내리락 하게 되었다. 판단을 빨리 하여 좀더 일찍 하였더라면 병원 다니는 수고라도 덜었을 것이다. 그 부인은 일 년 뒤에 요가 학원을 하겠다고 말했다. 호흡법이라도 하나 더 익혀 두면 나을 것 같아서 가르치려는데, 벌써 완전히 터득하였다. 나는 죽을 고비를 넘겨 가며 익힌 것인데, 그 부인은 요가를 하면서 자연스럽게 통달한 것이다.

비틀기의 완벽한 자세는 어깨선과 겹쳐진 다리의 중심선이 일직선이 되어야 한다. 유념하고 노력할수록 자세는 아름다워진다.

요가의 이익을 한 마디로 이야기하기가 쉽지 않다. 그러나 요가를 하면서 전해 오는 느낌은 감격 그 이상이다.

첫째로 요가의 동작들은 온몸의 근육과 세포를 확장과 수축, 긴장과 이완을 반복하게 함으로써 근육과 세포 곳곳에 쌓여 있는 노폐물과 유해 물질을 확실히 제거한다. 요가 수련을 한 후부터 피부가 달라지는 느낌을 가장 먼저 받는다고 이구 동성으로 말하는 까닭은 바로 이 때문이다. 아울러 피로의 요소를 사라지게 함으로써 활기찬 생활을 하게 됨은 두말할 나위가 없다.

근육의 신축과 이완은 각 부위를 단련시켜 웬만큼 활동해서는 전혀 부담을 느끼지 않는다. 따라서 모든 일에 자신감이 넘치며, 당당하고 떳떳한 자세로 임할 수 있다.

둘째는 요가의 반복된 동작들은 뼈를 튼튼히 하고, 관절의 혈액 순환을 도와 골격에 오는 모든 질환을 예방하고 치료하는 효과가 있다. 특히 비틀기 형태의 동작들은 척추의 불균형을 교정하는 효과가 놀랍도록 뛰어나다. 이로 말미암아 척추와 이에 연결된 모든 신경이 원활한 피돌이의 도움으로 제 기능을 회복하게 되어 오장 육부가 건실해지게 된다.

셋째는 요가는 완벽한 유산소 운동이므로 필요 없는 피하지방을 완전히 분해하는 데 탁월한 효과가 있어 비만으로 인해 발생하는 각종 질환을 치료, 예방할 수 있다.

다음 사진의 자세는 약간 비스듬히 누워 해야 한다. 먼저 두 손을 뒤로 돌려 짚고, 왼쪽 발을 오른쪽 무릎에 올려 세운다. 세워진 무릎을 오른쪽 몸 바깥으로 쓰러트려 바닥에 닿게 한다. 이때 어깨가 따라 돌지 않도록 주의하면서 고개

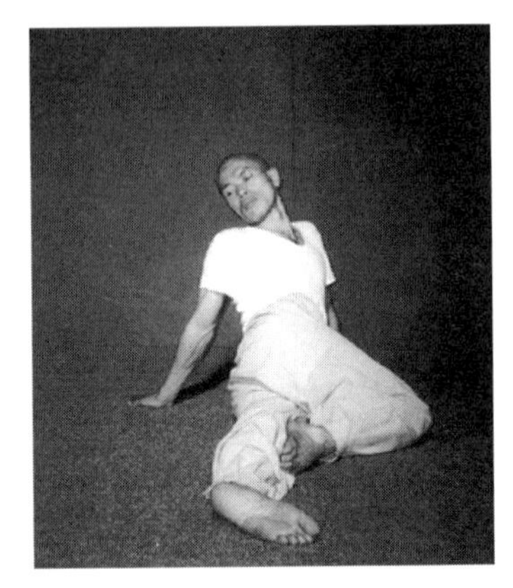

는 무릎이 넘어간 반대 방향으로 돌린다. 자세가 힘들면 왼손이 약간 엉덩이 쪽으로 따라 내려오면 훨씬 동작이 수월해진다.

누구는 이 자세에 대해 '야한 자세'라고 말했다. 어떻든 느낌이 대단히 좋다. 이 한 동작으로도 온몸의 피로를 말끔히 걷어 내는 듯한 훌륭한 자세이다.

팔십이 넘은 노부부께서 매일 이 요가 프로그램을 며느님의 도움으로 수련하신다는 얘기를 전해 들었다. 몇백 리 밖의 일이라 아직 뵙지는 못했으나 대단한 일이 아닐 수 없고 고맙기 그지없다.

요가 교실을 할 때 참 많은 사람을 단기간에 만났다. 십수 년을 숨어살다시피 하여서 못 만나고 안 만났던 사람을 그렇게 결국 한꺼번에 몰아서 만난 셈이다. 다른 도시에 살면서 날마다 요가 교실에 참석한 사람도 있었고, 소문만 듣고 멀리 타지방에서 구경 삼아 온 사람도 있었다.

남을 돕는 확실한 길은 자기 일은 자기 스스로가 능력껏 하는 것만으로도 족하다는 것이 나의 소신이다. 특히 몸에 대한 생각은 더 유다르다. 그러므로 절 집에 와서도 불편하신 스님네들 한 번이라도 주물러 드린 기억조차 없다. 운동은 비록 하였으나 남을 만져 주고 할 능력은 전혀 없고, 그쪽 일은 알지도 못하거니와 관심도 없다. 남의 몸에 손을 대는 일 자체가 께름직하게 여겨질 뿐이다. 그래도 소문은 스님이 병을 고쳐 준다고 나서 풍문 듣고 온 사람이 하나둘이 아니었다. 그런 사람들은 단번에 알 수 있었다. 동작은 취할 생각도 안 하고 딴전만 피운다. 생각이 딴 곳에 있었으니 실망이 클 수밖에! 그런 사람 들으라고 날마다 한 말이 있다. "영양제 한 알에 건강을 맡기고, 병이 있는데도 남의 손에만 의지하려는 양심 없는 사람은 아파도 싸다."

날마다 프로그램을 진행하면서 건강에 대한 개념과 그 이론을 설명했다. 하지만 결코 어느 한 동작이 어디에 좋다고 하지도 않았거니와 그런 말을 듣더라도 믿지 말라고 당부했다.

이 동작은 한쪽 무릎을 굽혀 발을 넓적다리 위에 올려놓고 숨을 토하면서 몸을 깊이 숙여 발뒤꿈치의 압박으로 내장에 활력을 주려는 의도로 해야 한다. 보다 큰 효과를 위해 발을 몸 쪽으로 바짝 붙여야 함은 물론이다. 등줄기의 늘어난 근육과 펴진 척추는 한결 유연해진다. 양쪽을 다 하였으면 두 발을 모으고 다시 한 번 깊이 숙인다. 평소에도 자주 하면 피로감이 사라진다. 몸을 숙일 때 무릎 밑이 들리면 안 된다는 점을 각별히 유념하면서 해야 한다.

요가는 특히 의약으로 다스리지 못하는 질병에 탁월한 효험이 있다. 결국 이 말은 각자의 생활 방식과 나쁜 습관을 스스로가 바꾸지 않는 한 어떤 질병도 다스릴 수 없다는 말이다. 다시 말하면 대개의 고질병은 잘못된 생활 습관에서 비롯되었다는 뜻이다. 그렇다면 어떻게 자신의 나쁜 점을 찾아낼 것이며, 좋은 습관은 과연 무엇을 말하는 것인지 의문이 생길 것이다. 방법은 간단하다. 고인의 지혜를 빌리고 확실한 검증을 거친 방법만 찾으면 해결이 된다.

인류의 역사가 기독교적 사관에서 오천 년 남짓이라고 뭉뚱그려져 있지만 지금의 과학도 수백만 년 전으로 더듬어 올라간다. 코 큰 사람들은 오천 년 이상의 역사는 아예 생각도 못하겠지만, 요가의 시작은 히말라야 산맥이 융기하기 전인 이십만 년 전으로 거슬러 올라가 따져 내려온다.

장구한 세월 인류 조상의 지혜와 혼이 담긴 것이 요가이다. 만약 이것이 허황된 일이라면 결코 유구한 역사를 자랑할 수 없을 것임이 틀림없다. 그러므로 이를 발견한 지혜 있는 많은 사람들은 손쉽게 문제를 해결했고, 이로부터 얻은 이익으로 스스로는 보람찬 삶을 영위하며 세상에 이바지하고 있다.

앞에서 취한 자세와 이 사진의 동작은 비틀린 몸통과 척추를 앞뒤로 굽혀 다시 균형을 찾고 조화를 이뤄 안정을 얻는 목적도 포함한다.

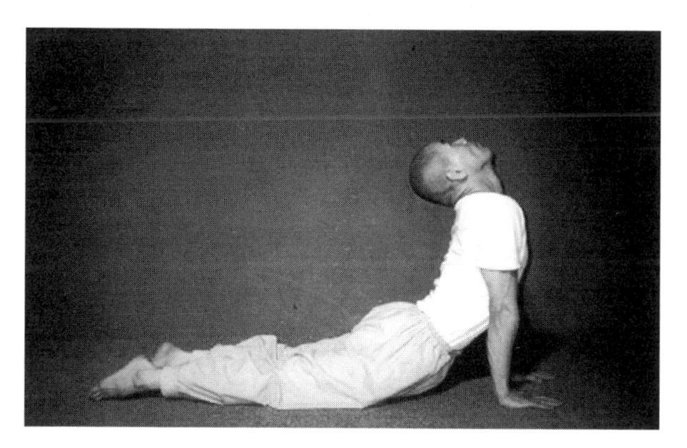

앞으로 엎드려 손을 가슴 옆에 붙이고 힘차게 팔을 펴면서 상체를 젖힌다. 머리도 맘껏 젖혀 발끝부터 머리끝까지 확실하게 신장시킨다. 이 자세가 힘겹게 느껴지는 사람은 손 짚는 위치를 바꿔 자신에게 알맞은 자세를 찾아내면 된다. 부담 없는 사람은 허리 가까이 손을 짚으면 보다 더 자세가 확실하다.

육십 세 가량 된 한 어른은 십여 년 전 등산을 하다 허리를 다쳐 디스크 증상이 왔는데, 별스런 비방도 소용이 없었다 한다. 오랜 세월 동안 스쿠터(scooter)에 의지하여 지내다 용기를 내어 요가 교실에 동참했는데, 삼일 만에 하루 종일 끄떡없이 걸을 수 있다며 즐거워했다. 기억에 남은 일 중의 하나이다.

앞의 동작이 젖힌 동작이니 당연히 그에 상응하는 동작을 취해야 한다는 것쯤은 자연스러운 일이 되었을 것이다. 잠시 엎드려 안정을 취하고 난 후 이 동작을 시도한다. 배를 바닥에 대고 엎드려 무릎을 굽혀 발을 엉덩이에 붙인다. 손을 뒤로 돌려 발목을 잡고 다리를 뻗음과 동시에 상체를 들며 단번에 젖힌다. 자세가 익숙해지면 앞뒤로 시소처럼 움직여도 재미있다.

이 자세의 강한 자극은 골반 안의 혈액 순환을 왕성하게 하기 때문에 남녀를 불문하고 이익이 크다. 특히 허리의 통증을 완화시키는 효과가 크며, 복부의 군살을 제거할 수 있다. 높아진 복압은 모든 내장의 기능을 활성화시키며, 소화기능을 왕성하게 한다. 허리 부근에 집중된 자극은 약한 신장의 기능을 도와 콩팥 안에 쌓인 노폐물을 배출시켜 신장 결석을 막고 다스린다. 또한 요관을 자극하여 기능을 회복시킴으로 이에 따른 각종 질병과 전립선염, 요실금에 좋은 효과가 있다.

젖혀진 가슴과 어깨는 체형을 당당하게 가꾸어 주며 횡격막에 자극을 주어 그 기능을 돕고 강화시킨다.

방광염이나 요도염으로 인해 여성에게 흔히 나타나는 증상으로 특히 소변이 자주 나오고 잔뇨 증상이 항상 있어 괴로운 일명 오줌소태라는 병이 있다. 혈액 속의 백혈구가 온몸을 돌아다니며 침투한 세균을 잡아먹고, 신장을 지날 때 뱉어 놓는다. 이렇게 모인 세균은 오줌에 섞여 몸 밖으로 배출되는데, 신장과 방광, 요도의 기능이 떨어지거나 피로가 겹쳐 저항력이 약해지면 배출되어야 할 세균에 오히려 감염되어 고생을 하게 된다. 이것이 오줌소태이다.

이런 증상은 물론이고, 요가 수련의 효과는 각 기관의 기능을 강화하여 잦은 피로감과 질병으로 겪던 열등 의식을

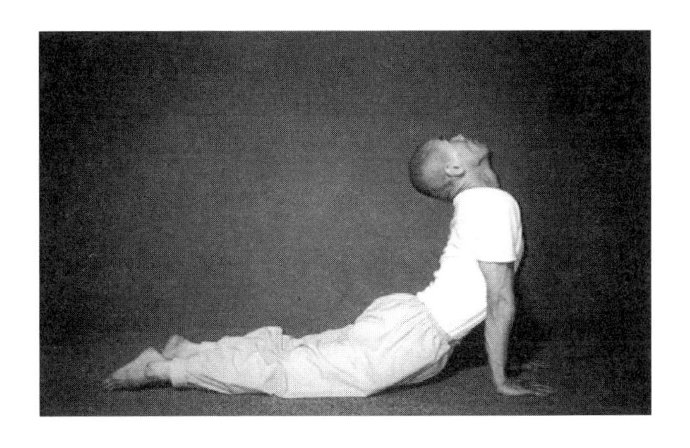

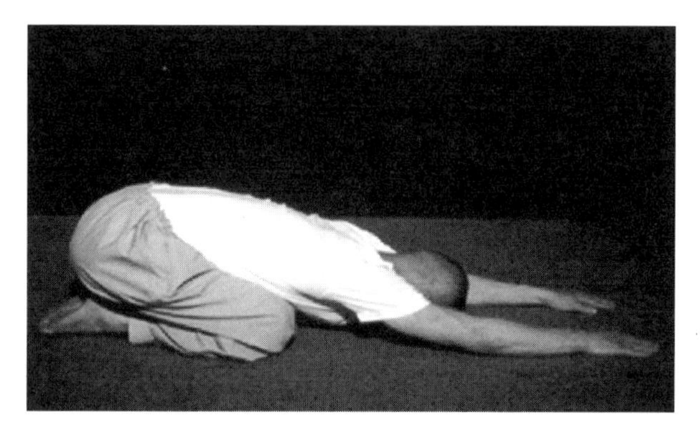

자신감으로 뒤바꿔 놓는다는 점이다.

먼 거리를 오간다는 여러 명의 부인이 있었다. 대체로 부인들이 겪는 일이지만 조금만 과로해도 쉽게 피로를 느꼈다는 것이다. 그러다 급기야 몸살기마저 있고, 반갑지 않은 오줌소태까지 오면 며칠씩이나 자리 보전을 해야 했단다. 뻔히 아는 병이지만 의약과 비방이 소용없었다는 것이다. 한 친구 덕분에 요가를 시작한 후 씻어 낸 듯 이 증상이 사라져 먼길이지만 오가는 시간까지 즐겁다고 했다. 한 번 더 다리 뻗고 윗몸을 젖힌 후에 무릎 꿇고 엎드린 채 잠시 숨을 고르고 나서 다음 동작에 들어 간다.

이제부터 시작하는 자세는 굳은 몸으로 요가를 시작했을 때 나 자신이 몇 개월간 집중적으로 하여 기대 이상의 효과를 본 동작들이다. 또한 효과를 직접 경험한 후 나의 건강관리 비결에 관심있어 하는 사람에게 짧은 시간에 쉽게 기억하고 따라 할 수 있는 범위 안에서 일러 주었던 자세들이기도 하다.

단순한 몇 가지 동작의 효과는 경이로웠다. 결국 이 글을 쓰게 된 까닭도 따지고 보면 이 동작들이 확인시켜 준 놀라운 치료 효과와 건강을 되찾았던 여러 사람의 체험이 순전한 동기가 된다. 별스럽지 않을 것 같은 단순한 동작으로 이루어진 자세이지만 나의 건강 개념을 기본으로 하여 구성되었음은 물론이다. 하루 잠깐 스치는 시간으로는 앞의 모든 동작까지 알려 주기에는 형편상 한계가 분명했다. 그리고 흐릿한 기억으로 하다가는 오히려 낭패도 볼 수 있기 때문에 굳은 신념을 갖고 택한 최선의 자세이다. 그러므로 지금부터 소개하는 동작은 두 번 혹은 세 번 정도 순환 반복하길 권한다.

먼저 반드시 왼쪽 다리부터 시작한다는 점을 명심해야 한다. 왼쪽 다리는 옆으로 길게 뻗고, 반대쪽 다리는 무릎을

굽혀 발이 다른 쪽 대퇴부 앞에 약간 떨어지게 놓는다. 다리와 몸통이 이어지는 부분을 고관절이라 하는데, 이 부분에 왼손을 얹고 무릎과 다리 전체의 앞부분이 위 방향에서 바닥에 닿도록 몸을 비틀며 회전시킨다. 십여 차례 반복하여 다리를 돌려 주면 고관절과 다리·허리 등의 근육이 풀리면서 유연해진다. 연결 동작으로,

길게 뻗쳐 있는 다리와 몸통이 직각이 되도록 몸을 틀면서 양손으로 무릎과 발바닥의 용천을 누르며 고개를 젖혀 몸 앞부분이 한껏 신장되게 한다.

지금 소개하는 동작은 아무리 강조하여도 지나치지 않을 정도로 효과가 입증된 뛰어난 자세이다. 그러므로 요가 교실을 하면서 항상 당부했다.

"함께 참여하고 싶어도 그럴 수 없는 사정에 처한 사람들이나, 꼭 요가를 권하고 싶은 사람에게 부담 없이 일러 주십시오. 그리고 사정이 여의치 못해 요가를 못하는 날과 누적된 피로 때문에 몸살기가 올 때도 이것만은 꼭 하십시오."

몸매 관리에 관심이 많은 혼기에 있는 여성에게 입버릇처럼 하는 말이 있다.

"어떤 혼수보다 요가만 잘 익혀 가면 평생 후회하지 않을 것입니다."

앞의 자세가 왼쪽부터 시작되었으므로 양쪽을 다하고 난 자세는 오른쪽의 다리가 뻗쳐 있는 모습이다. 그 다리를 움직이지 말고 몸만 바로 틀어 길게 뻗쳐 있는 다리 위로 상체를 옆으로 기울인다. 이 자세 때문에 앞의 동작이 왼쪽부터 시작된 것이다.

흔히 간장을 '인체의 거대한 화학 공장'이라고 말한다. 간장의 기능이 다양하고 막중하기 때문에 붙여진 별명이다. 그럼 잠깐 간장의 역할을 살펴보자.

첫째, 소화관에서 흡수한 영양소를 가공 처리한 후 필요에 따라 다른 기관에 공급한다.

둘째, 단백질 대사의 노폐물인 암모니아를 요소로 합성한다.

셋째, 혈청 단백질을 합성하는 등 혈액의 성분을 일정하게 유지한다.

넷째, 철 · 비타민 등을 저장한다.

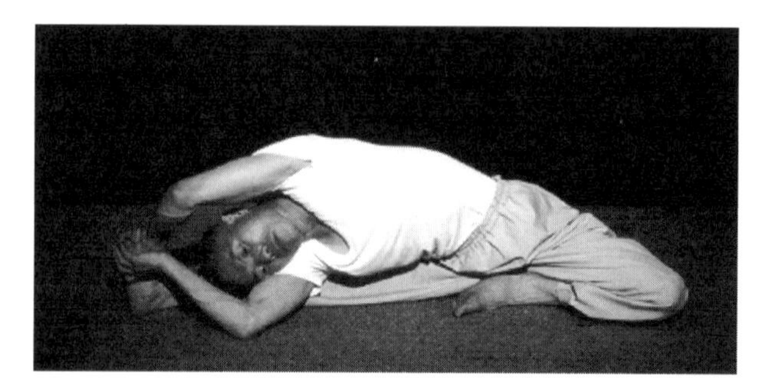

다섯째, 해독 작용을 하는 등 인체에서 핵심적인 역할을 한다.

그러나 간장에 흘러드는 혈액 중 많은 양을 뱃속을 지나는 문정맥을 통해 공급받기 때문에 원활하지 못한 혈액 공급은 간장을 지치게 하고, 적시에 배출해야 할 독소를 누적시킴으로써 손상을 초래한다. 그러므로 간장병에 걸리면 혈액의 흐름을 돕기 위해 누워 있기를 권유하는 것이다.

이 자세를 오른쪽으로부터 시작하는 까닭은 오른쪽 옆구리에 치우쳐 있는 간장을 먼저 압박하여 그 속의 혈액과 유해 물질을 먼저 배출시킨 후 다시 반대편 동작을 통하여 새롭고 신선한 피를 양껏 받아들이자는 데 있다.

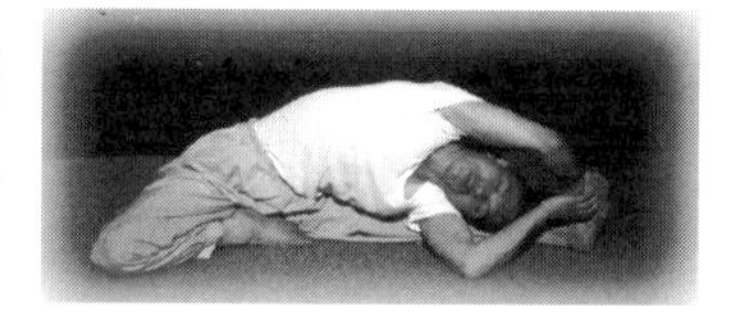

항상 꼿꼿한 자세만 유지하고 살아가는 사람은 이 동작이 수월치 않을 것이다. 요가를 처음 시작할 때의 기억에 의하

면 다른 사람의 이러한 자세가 신기하다 못해 이상스럽게까지 여겨졌다. 이런 뻣뻣함은 움직일 수 있는 근육을 전혀 사용하지 않은 까닭도 있겠지만 근육 자체의 활동 범위에 대해 무지 때문이기도 하다. 또한 뚱뚱한 사람은 요가를 하기 어려울 것이라고 생각하지만 전혀 그렇지 않다. 오히려 마른 사람일수록 숙이기 동작이나 비틀기, 기울이기 동작이 안 되는 경우가 의외로 많다. 씨름 선수들의 유연한 몸놀림을 보면 이해가 빠를 것이다.

이 자세는 두 발바닥을 마주 붙이고 앉아 깍지낀 손으로 발가락을 감싸 쥐는 것이다. 감싸 쥔 후 아랫배를 내밀 듯 하여 가슴을 젖히길 반복해서 갈비뼈 마디 마디

를 움직여 준다. 척추를 바로 세우고 팔꿈치로 넓적다리를 누르면서 아랫배를 먼저 바닥에 대겠다는 기분으로 상체를 숙인다. 다음 동작의 준비 자세인 만큼 숨을 동작에 맞춰 고르게 쉰다. 엎드린 자세를 유지한 채 있어도 좋은 자세이다. 비뇨기 계통에 확실한 효과가 있다.

그림으로 보기에는 누구나 할 수 있을 것 같은 포즈지만 이 포즈에서 고역스러워 하는 사람이 의외로 많다. 발을 모으고 무릎을 벌리려면 대퇴부 안쪽의 통증이 이만 저만이 아니다. 내 경험도 처절하였다. 무릎 사이가 약간만 벌어져도 말할 수 없는 통증에 진저리쳤다. 대체로 이런 통증은 하루 중에 활동한 시간이 극히 짧은 아침에 더 심하게 나타난다. 그런 현상만 알고 몸이 굳어 있는 아침 시간에 운동을 규칙적으로 하는 것도 좋은 방법으로 알려져 왔다. 요즈음에는 오히려 굳어 있는 몸을 억지로 움직이다 부상 입을 확률이 많다 하여 좀더 늦은 시간을 이용하길 당부하는 추세이다. 미인은 잠꾸러기라는 말에 현혹되어 오래도록 잠자리에 있는 것도 피로를 풀고 건강을 지킬 수 있는 방법이라 여기지만 잘못된 상식일 뿐 결코 그렇지 않다. 도리어 잠자리에서 몸은 굳어 가고 늙어 가는 줄 안다면 생각이 달라질 것이다. 요가를 다양한 시간대에 해보면 잠자리에서 막 일어난 새벽 시간에 수련은 힘이 배나 더 들고 전날과 같은 느낌을 받자면 시간도 배 이상 걸려야 한다. 평소에 규칙적으로 하던 시간보다 훨씬 늦은 시간에 해보면 그렇게 느낌이 상쾌할 수 없다. 더구나 사정이 있어 밤을 꼬박 지새운 이른 시간에는 마치 날아 갈 듯한 기분으로 하게 된다. 일상에서 자주 하는 경험 중에 좋은 비유가 있다. 휴일에 가족과 멀리 나들이 계획이 잡혀 새벽부터 부산을 떨어야 했을 때는 늦은 시간까지 움직여도 피로를 그다지 느끼지 못한다. 분명히 평소보다 모자란 잠이었는데도 말이다. 그러나 휴일이라고 한숨 더 자겠다고 늦잠을 자다보면 몸이 묵직하여 일어나기가 싫어진다. 그 동안 쌓인 피로 때문이라 생각하고 '한잠 더!' 하다 보면 결국 그 날은 이불 밑에서 지내야 한다. 간혹 밤을 지새운 다음 날 발걸음이 구름 위를 걷는 듯한 기분이 든다. 잠을 못 잔 탓이라 생각하지만 사실은 눕지 않은 까닭에 몸이 굳지 않아서 평소보다 훨씬 유연해진 관절과 근육 때문이다. 다시 말해서 인간은 잠자리에서 늙는다는 것을 요가를 하는 사람만큼은 알아두었으면 하는 바램이다.

요가 교실을 진행하면서 이 포즈에 와서 항상 말하기를

"이 동작을 하기 위해 앞의 포즈를 한 것이다"라고 했을 정도로 소중히 여기는 포즈이다.

공개 프로그램을 하기 이전 십 년 세월 동안, 개인적인 만남으로 요가를 익힌 사람 중에 여기까지 전 과정을 익힌 사람은 두엇에 불과하다. 교재도 없었고 비디오 테이프도 이년 전에 겨우 만들었으므로 생활에 바쁜 사람들에게 짧은 시간 동안 모든 동작을 가르쳐 줄 수 없는 까닭에서였다. 하지만 이 몇 가지밖에 안 되는 동작이 여러 사람에게 놀라운 효과를 안겨 주었다.

누구에 가르침이나 조언도 들은 바 없이 구성한 동작에서 어쩌다 나타난 우연이라 하기에는 너무도 뚜렷한 결과에 나 자신도 처음엔 믿기지 않았다. 그런 효과를 거듭 확인하면서 건강에 자신이 없거나 질병에 시달리는 사람에게 자신을 갖고 권유할 수 있었고 결과는 신속하고도 확실하였다.

또한, 서너 가지 동작에 불과하므로 기억하기 쉬웠고, 그다지 까다로운 동작도 아니어서 짬짬이 하여도 무리가 없고, 따라 하기 재미있다는 것도 좋은 결과를 거둘 수 있었던 까닭 중의 하나다.

요가의 효과는 속전 속결이라고 입버릇처럼 말하듯이 처음, 포즈를 익히기 위해 따라 했던 동작으로도 다음날에는 어김없이 감탄 섞인 음성으로 효과를 알려 왔다.

스스로 얻는 이익이 이러하니 말린들 누가 하지 않겠는가? 재미를 붙인 사람들은 더욱 열심히 하였고 스스로도 놀랄 만한 결과에 만족해하였다.

이런 사실을 지켜보신 큰스님 한 분은 "스님에게 아무래도 남 모르는 능력이 있는 것 같다"고 하셨지만, 여러 지방의 생면 부지의 사람들도 비디오 테이프에 의존해서 동작을 익히고 얻는 결과는 마찬가지였다.

그러므로 이렇게 알려지기 시작한 몇 가지 동작은 대단히 빠른 속도로 대중에게 전해졌다. 나 역시 모든 동작을 따라 하기에 시간이 없는 사람에게는 이 동작만이라도 꼭 할 것을 강조한다.

자세는 우선 허리를 꼿꼿이 세울 수 있을 만큼 두 다리를 양옆으로 활짝 벌린다. 두 손은 뒷짐을 쥘 수 있으면 더욱 좋다. 그리고 나서 몸을 양 옆으로 활기차게 흔들면 된다.

내게 깊은 사연 없는 자세는 하나도 없다. 하지만 특히 이 자세만큼은 각별하다.

남자들은 군대에 가면 사격술 훈련을 받는다. 총을 엎드려 쏘는 자세에서는 반드시 다리를 활짝 벌려야 자세가 안정된다. 그러나 거기서도 뻣뻣한 다리는 티를 냈다. 믿기지 않겠지만 다리를 어깨 넓이만큼만 벌려도 가랭이가 찢어질 듯이 아팠다. 도무지 그 고통은 지금도 형용 불가이다.

그런데 입산 출가해서도 끝내 애를 먹이는 것이다. 가부좌는커녕 책상다리도 하기 힘들었고 요가를 시작할 때 처음 벌릴 수 있던 양다리 사이도 어깨 넓이 이상은 안 되었다. 그러니 이론이 아무리 좋은들 무엇에 쓰겠는가?

스님들도 이 동작을 좋아하시는 분이 많다. 특히 대부분의 시간을 앉아서 지내야 하는 수좌스님들 사이에는 인기가 높은 자세이다. 그 동안 겨우 몸을 가눌 수 있는 아기로부터 연세 높으신 어르신네까지 많은 사람들을 관찰한 바로는 다리의 유연성이 꼭 남녀나 노소에 있지 않다는 점이다. 집념에 따라 아주 빨리 다리를 완벽하게 벌린 사람은 일 개월도 채 안 걸리는 사람도 있었고, 길어도 이 년 남짓한데 대체로 삼 개월에서 육 개월 사이였다. 그런데 내 경우는 이 년 걸려 벌린 각도가 종이 장판 귀퉁이에 딱 맞는 90도에 불과했다. 가장 큰 불행이 만족을 모른다는 것인 줄 알면서도, 십오 년 벌리고 벌린 다리가 아직도 그저 그런 수준에 불과한데에 대하여 할 말이 별로 없다.

각 가지 사연을 들고 와 조언을 구하는 이에게 어김없이 이 포즈를 가르쳤다. 하지만 다음 날은 역시 어김없이 같은 반응들이 날아들었다.

한 예로, 두 중년 부인이 함께 찾아왔을 때 이 몇 가지 동작을 가르쳐 보냈다. 다음 날 전화선을 타고 전해진 소식은 불면증에 시달리던 부인은 참으로 오랜만에 깊은 잠을 잤다는 것이었고, 아주 바싹 여위었던 부인은 자기 생전에 변기를 가득 채우기는 처음이라고 감격 어린 음성으로 소식을 전해 왔다. 덧붙여 자기 뱃속 어디에 그것이 있었는지 궁금하고 색깔이 아주 검고 냄새가 지독했노라고 별난 수다를 떨면서도 즐거워했다.

요가 교실에서도 언젠가부터는 그런 일은 화젯거리가 되지도 못했다. 날마다 듣는 말이니 신통할 까닭도 없기 때문이었다. 더구나 불면증에 대해서는 어느 분이 삼십오 년 불면증을 요가한지 하룻만에 결딴을 냈다고 하여 그 다음부터는 몇 년짜리 불면증은 명함도 못 내밀 판이 되고 말았다.

이 몇 가지 되지 않는 요가를 남에게 해보길 권하기 시작한 무렵 일이다.

그 때는 별로 효험에 대해 확신도 없었고 어디까지 영험이 통하려는지 알지 못할 때였다. 한 부부의 딱한 이야기를 듣고 막연한 생각에 이런 운동법이 있는데 한 번 해보시면 도움이 되실 것 같다고 조심스럽게 권했다. 나와 인연이 있었는지 아니면 요가와 인연이 있었는지, 곧 오랜 지병이 확실히 개선되었다고 고마워했다. 그 분들이 요가를 시작하여 두어해 지나서 장모님이 돌아가셨다. 자식과 피붙이들이 한 마을에 모여 사는 시골 동네였지만 평소 깔끔하셨던 성격에 연로하셨는데도 불구하고, 먼저 가신 영감님과 함께 평생을 지내셨던 초라한 농가에서 임종을 맞으셨다. 요즈음 깊은 시골에 집도 많이 현대화되어 외관으로도 깨끗하고 젊은 사람이 좋아할 수 있도록 집을 훌륭히 짓지만 노인께서 임종을 맞으신 집의 구조는 옛날 구조로서 평반 남짓한 아주 비좁은 방이었다. 시신을 한켠에 모시고 병풍을 사이에 두고 향로 촛대 등에 제기를 가운데 놓으니 겨우 문상객 한 사람이 엎드려 절하기도 비좁은 공간밖에 없었다. 그런데 이 좁은 공간에서 철 다 난 사위와 딸자식이 희안한 짓을 날마다 하였다. 대개 삼 일이면 큰일을 다 끝내지만 그때 무슨 사연에서인가 하루 이틀이 길어져서 더욱 사람들 눈에 뜨인 것인데, 바로 그 시신을 모신 비좁은 방에서 사위와 따님이 한 일은 바로 요가였던 것이다. 소문은 꼬리를 물고 멀리 퍼져 수 십리 밖에서 전해 들으신 한 분의 귀띔으로 알게 되었다.

그때 바깥 분은 사십 중반이었는데 연례 행사처럼 디스크 증세로 두어 달씩 많은 고생을 하였고 발목도 시원치 않아 내내 절뚝거리며 지냈다. 그런 고생 끝에 요가를 하고 나서 확실히 완치가 되었으니 요가에 대한 믿음이 견고했고 이 때문에 일어난 일이었다. 그 훨씬 뒤에 하시는 말씀이 "스님, 제 나이에 제 배만한 사람이 목욕탕을 가서 눈을 씻고 봐도 없습니다. 군대간 제 아들녀석보다도 제가 훨씬 날씬합니다" 했다. 옆에 있던 부인이 예전엔 올챙이처럼 배만 볼록하여 이웃 보기가 영 민망했노라고 한 마디 거들었다. 하여간 이 두 내외는 시간만 있으면 몸을 좌우로 흔들어댔다 한다. 텔레비전을 보면서도 흔들고, 밥상 차리는 시간에도 흔들고, 이부자리 위에서도 흔들어댔단다. 엄마 아빠가 그러니 온 집안 식구까지 흔드는 것이 일이었다.

대체로 이것만 할 때, 세 번 가량 순환 반복해서 걸리는 시간이 이십 분에서 삼십 분 가량 된다. 부담 없이 어디에서고 할 수 있다는 장점이 있다.

아주 몇몇 사람은 다리를 벌린다는 일부터가 여간 만만치 않을 것이다. 그러나 그런 다리를 좀더 유연하게 하는데 이보다 영험 있는 동작도 없다는 점을 명심해야 한다. 다리를 벌리고 앉으면 먼저 허리부터 착 꼬부라진다. 정 안 되면 할 수 없지만 그래도 허리를 반듯이 유지하려고 노력한다. 다리를 벌린 이유 가운데 또 하나는 다리를 벌려야 몸을 양옆으로 활기차게 흔들 수 있기 때문이다.

이 단순한 동작은, 복부에 압력을 발생시키고 이로 말미암아 오장 육부가 자극을 받아 활기를 되찾는다. 이 자극은 자율 신경 계통에도 영향이 미쳐 깨졌던 조화가 회복되어 일상에서 느끼던 불쾌감을 사라지게 한다. 내장의 자연스러운 마찰은 장내벽에 눌어 붙어 있던 숙변을 떨쿠어 내는 효과가 대단하여 이에 기생하던 세균과 기생충을 한꺼번에 제거하는 능력도 발휘한다. 장내벽에 숙변과 장관 구조상 쌓이게 된 노폐물이 부패하면서 발생시키는 해로운 가스는 인체의 조직을 손상시키기도 하고, 뇌에 미치면 사람을 무기력에 빠트리기도 하는데 이 포즈의 효과는 그런 장애의 위험을 일시에 없애버린다. 인체의 혈액 중 절반의 피는 아랫배에서 활동한다. 그러나 심장의 위치가 아랫배보다 높아 중력에 의해 혈액 순환이 원만하지 못하여 혈액이 탁해지는 결정적 동기가 된다. 이와 같은 혈액 순환 장애는 만병의 근원이 되는 냉증을 유발하고 소화 능력을 쇠약하게 한다. 흔들 때 발생한 복압과 내장의 마찰력은 장관에 촘촘히 분포한 미세 혈관을 자극하여 제 기능을 극대화 할 수 있도록 돕고 아울러 혈액 순환을 왕성하게 촉진시켜 냉증을 사라지게 하고 소화력을 향상시킨다. 이러한 효과는 심폐 기능을 극대화하여 심장의 부담을 덜어내고 허파의 자정 능력을 향상시켜 전신에 활력을 가져와 자신감에 충만한 생활인이 되게 한다. 심폐 기능의 개선은 즉시 외관으로도 나타나 피부에 윤기가 흐르고 탄력을 붙게 하여 노화 현상을 뚜렷이 둔화시킨다. 어깨부터 등과 배, 허리와 다리에 이르기까지 굳고 긴장된 근육은 이완시키고, 지나치게 풀어진 근육은 적당히 신축되게 하여 균형 있는 몸매를 만들어 주며, 근력을 강화시켜 힘든 노동에도 적응할 수 있도록 하여준다. 흔드는 동작은 인체의 기둥인 척추의 이상을 무리 없이 교정하거나 회생될 수 있도록 결정적인 역할을 한다. 이런 다양한 효과의 결과로 인해 여러 사람에게 이익이 되는 바가 자못 컸다.

또한 자연스럽게 흔들어 주는 동작은 전신 조직의 확장과 수축, 긴장과 이완의 운동을 줌으로 신진대사를 도와 세포마다 새로운 활력을 불어넣어 항상 젊음을 잃지 않게 한다.

이 동작이 힘든 사람은 한 번에 스무 번을 하는 것도 고역스럽다. 그러나 열심히 하다 보면 금방 자세가 좋아진다. 부탁하건대, 항상 하기 힘겨운 동작일수록 회피한 결과는 오히려 자신 건강에 큰 문제가 될 수 있다는 점을 명심하고 더욱 결심을 굳게 하여 부단한 노력을 기울여야 한다는 점을 기억해야 한다. 어느 덧 오십 번 정도를 부담 없이 하게 되었다면 예전과 달리 쉽게 지치거나 피로를 느끼지 않는 자신을 새삼 발견하게 될 것이다.

목과 손목, 발목, 대퇴부 안쪽이 인체 가운데 가장 빨리 노화 현상이 나타나는 곳이라는 것은 앞서 설명한 바가 있다. 나는 비록 삼십대 초반의 나이로 요가를 시작할 즈음에도 두어 뼘조차 벌리기 힘들었던 다리였지만, 대체로 그 말과 같이 연령에 비례하여 대퇴부가 경직된다는 것은 확실하다. 그러므로 참고할 수 있는 서적을 보면, 대개가 대퇴부를 유연하게 하는 운동법을 중요하게 다루면서 젊음을 되찾고 정력이 넘치는 생활을 할 수 있다고 소개한다. 그런 까닭에 이 몇 가지 되지 않는 동작이지만 다리를 유연하게 함과 동시에 근력을 강화시켜 신체의 활동력을 놀랍게 향상시킨다는 점을 강조하길 주저하지 않는 것이다.

지금 소개하려는 사례도 앞의 예와 비슷한 시기에 있었던 일이다. 대체로 음악을 하는 사람들의 근력이 약한 듯 싶은데 피아노를 전공한 부인에게 생긴 일이다. 늦은 나이에 결혼을 하였고 몸조차 허약하여 임신에 어려움이 있다하기에 예외 없이 몇 가지 동작을 가르쳐 보냈다. 몸이 워낙 쇠약하여 음식을 먹어도 제대로 소화시키질 못해 항상 체기에 시달렸고 특히 밀가루 음식은 손을 대지 못했다. 한 여름에도 냉수 한 컵 제대로 마시질 못 할 정도라 했다. 하지만 요가를 한 이후 전날에 괴롭히던 증상은 말끔히 사라져 휴일에 절을 찾는 기쁨도 새로워했다. 그 당시 내가 살던 토굴 주위에 해발 900m 가 넘는 아주 가파른 산이 있었는데 슬슬 구슬러 등산을 가자고 하였다. 남편은 기겁을 하며 아내가 갈 수 없다는 것이다. 그러나 그때는 벌써 요가를 한 지 두어 달이 지났고 그 정도면 자신의 능력을 확인시키는 일도 무의미하지 않을 듯하여 등산을 강행하였다. 아내가 내단히 난처해하며 학칭 시절에도 산으로 소풍을 가면 따라가지 못했다고 하며 몇 걸음 움직이다 말고 주저앉아 버렸다. 다시 달래서 등산을 하였는데 남편은 건설 현장에서 단련된 자신감에 앞장을 섰지만 하산 길엔 혼자 낙오하고 말았다. 다음날 혹시나 하여 안부를 물었더니 남편은 몸살져 누워있지만 자신은 아무렇지도 않으니 걱정 마시라고 명랑한 목소리로 알려 주었다.

이런 뛰어난 효과는 누구에게만 국한된 경험이 아니다. 다만 노력 여하에 달려있을 뿐이다. 유념하여야 할 일은 다리 벌리고 몸을 흔들 동안에도 되도록 무릎을 굽히지 말아야 한다. 그래야만 더 신속한 효과를 기대할 수 있다.

그렇게 꾸준하게 하다보면 날마다 다리가 벌어지는 각도가 향상된다. 이 이익을 얻고자 몸을 흔든다는 점도 잊지 말자. 스무 번이나 쉰 번 가량 흔들고 난 후에는 다리에 통증을 다스리기 위해 주먹을 쥐고 통증이 있는 부위를 가볍게 두드리면 훨씬 시원해지는 것을 느낄 수 있다.

다시 앞 동작으로 돌아가 발바닥을 모아 두 손으로 움켜잡고 양 무릎을 바닥에 붙인 채 등을 곧게 펴고 아랫배를 바닥에 먼저 대겠다는 생각을 하며 몸을 여러 차례 깊숙이 숙인다. 이런 동작은 대퇴부 안쪽의 통증을 훨씬 완화시키며 유연성을 길러 준다.

동작을 바꿔 다리를 다시 벌리고 역시 등줄기를 꼿꼿이 세우고 몸을 앞으로 숙인다. 이때의 통증도 가히 참기 어렵다. 그렇다고 몸이 잘 숙여지는 것도 아니다. 하지만 다리가 충분히 벌려지지 않은 탓으로 돌려서는 안 된다. 왜냐 하면 다리 벌어진 각도가 불과 60도 정도에서도 얼마든지 아랫배는 바닥에 닿을 수 있기 때문이다. 대체로 몸 전체의 경직은 근육의 탄성을 잃게 하였기 때문에 근육은 고유의 운동성을 상실한 채, 고착되어 한낱 세포 덩어리에 지나지 않게 된다. 그렇게 굳어진 근육은 아무리 애를 써도 마음대로 움직여 주지도 않거니와 오랜 세월이 지나면서 근육의 쓰임과 활동 역량도 잊게 되었다. 이 동작을 해보면 그와 같은 사실이 완연히 드러난다. 등줄기, 허리, 옆구리와 엉덩이, 대퇴부의 근육은 흡사 나무 줄기와 같아서 좀처럼 늘어나거나 줄어들려고 하지 않는다는 사실을 이로 말미암아 발견하는 까닭이다. 그러나 부단히 노력하면 어느덧 유연해진 근육이 본래의 기능을 되찾고 상체도 부드럽게 바닥에 닿게 된다. 특히 유념할 일은 무릎 밑 오금부터 땡기는 통증이 마치 끊어진 듯 혹심할 때 당황스럽기도 하겠지만, 허리까지 두어 차례 오르내리면서 결국 어느 사이에 슬그머니 사라지게 된다는 점이다.

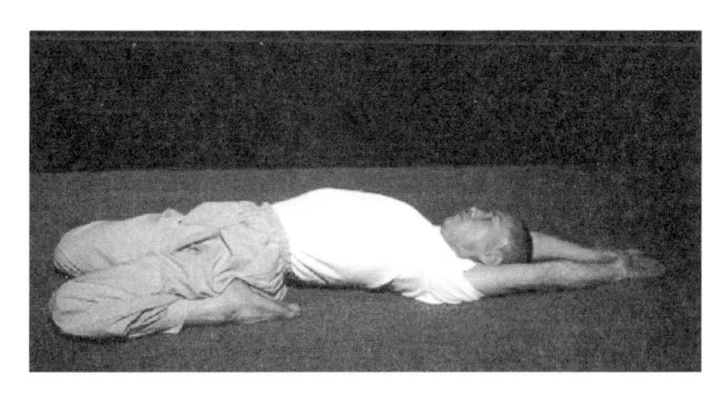

앞에까지의 동작을 두 번 혹은 세 번 정도 반복하고 나서 이 포즈로 넘어 온다. 이제부터는 요가를 마무리한다는 상큼한 기분으로 하면 된다.

먼저 무릎을 꿇고 앉아서 두 발을 엉덩이 바깥에 둔다. 여기서 이미 무릎부터 찾아오는 고통은 자못 심각할 수도 있다. 다음 동작으로는 손을 등뒤로 돌려 짚으면서 서서히 상체를 눕히면 된다. 처음에는 발목에서 전해져 오는 통증은 불과 이삼 초를 견디도록 허락하지 않는다. 이런 사람은 푹신한 깔개 위에서 자세를 취하면 훨씬 수월할 수 있지만 그래도 만만치 않을 것이다.

나의 끔직했던 경험은 아녀자들이나 어린아이 앉는 자세에 항상 눈길을 머무르게 했다. 아무렇지도 않게 무릎을 꿇은 채 두발을 엉덩이 곁에 두고 편안해 하는 모습은 여간 부러운 일이 아니었기 때문이다. 요가 교본에서는 이 포즈의 효과를 복부와 골반에 자극을 줄 수 있고 무릎 관절에 일어난 병을 호전시키며 여성의 생리계통 질환에 특히 효험이 있다고 소개하고 있다.

지리를 익힐 시간도 없이 요가 교실부터 개설을 했으니 본인이 어디에 산다고 하여도 알 수 없었다. 육십은 족히 되었음직한 부인이 자신은 멀지 않은 곳에 살지마는 이곳까지 오는데 다섯 번도 더 쉬어야 한다는 것이다. 사연인 즉, 관절염이 심해서 단번에 100m 이상을 걸을 수가 없는데 요가를 해도 어떨지에 대해서 물어왔다. 나의 승려 생활 초기에 무릎 관절 통증도 어지간한 것이어서 지리산에 삼 년을 살면서도 등산 한 번 하지 못했고, 그 동안 절에서부터 단 50m도 오르지 않고 내려 왔다. 그러나 나의 일은 삼십대의 일이고 육십 연세에 나타난 그 일은 퇴행성 관절염이 분명했다. 결과는 알 수 없었지만 그렇다고 활동을 주저하면 다른 좋지 못한 증상도 일어날 수 있는 가능성에 대해 설명하고 참석하시길 권유했다. 평소의 성격도 차분해 보인 할머니는 거의 쉬는 날이 없이 부지런히 따라 했는데 두어 달이 지난 어느 날, 높은 산에 있는 이름난 기도처에 거뜬히 다녀 왔노라는 말을 듣고 스스로도 요가의 위력에 다시 감탄하지 않을 수 없었다. 아울러 삼십 년 가까이 고생한 류머티스 관절염 환자를 희망에 들뜨게 한 일도 있음을 밝힌다.

요즘 아이들도 다를 바가 없겠지만 아주 어린 기억에 동무들과 높은 곳에서 뛰어내리기를 하다가 발을 접질렸다. 지금 생각에도 그다지 높지 않은 곳이었지만 그 일은 지금 그림의 동작을 익히기까지 삼십 년 가까이 항상 애를 먹였다. 그러므로 이 포즈도 필요에 의해 한 자리를 차지한 셈이다.

특히 스님들 대부분의 생활이 앉아 있는 일이듯, 젖혀져 있던 발을 깜빡 잊고 튀어 나가다 보면 몇 달을 두고 발을 절게 되는 불편을 감수하여야 했다. 그래서 묘안 끝에 찾아낸 것이 발목 돌리기였다. 요즈음 걷는 일이 드물어진 현대인들에게도 매우 도움이 되는 포즈라 생각되어 누누이 설명을 하며 대수로이 생각지 말고 하루에 한 번씩은 꼭 하도록 권유한다. 또, 나이가 들수록 발목의 관절이 굳고 약해지므로 노인들의 부상의 우려가 많은 곳이니 만큼 유념하도록 당부하길 게을리하지 않은 포즈이다.

한쪽 다리를 길게 뻗고 다른 쪽 발을 뻗은 다리 무릎 위에 걸친다. 이때 올려진 다리에 무릎은 바닥에 닿도록 한다. 올린 다리 쪽 손은 그 발목을 움켜쥐고 나머지 손으로는 발가락 부근을 힘껏 감아 쥐고 힘있게 백 번을 돌리고 반대 방향으로 백 번을 돌린다. 다리를 바꾸어 동일한 방식으로 하면 된다. 백 번이란 숫자가 부담스러우면 두 번을 하나로 묶어서 오십을 세면 그것도 한 방법이다.

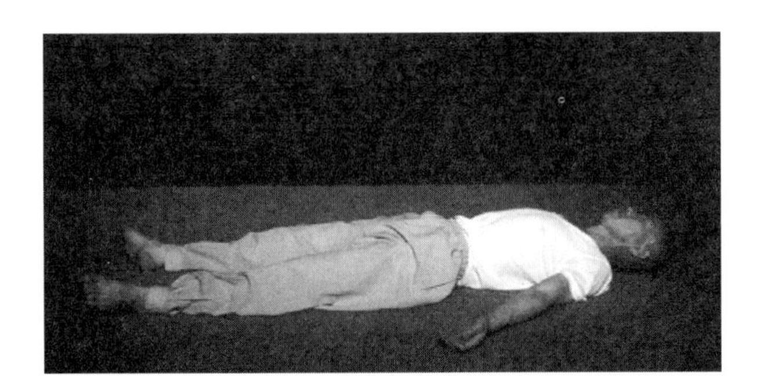

이제 마무리 동작으로 맨 앞의 송장 포즈를 한다. 요가 수련 중에 긴장과 이완, 수축과 확장을 반복 경험했던, 전신의 근육과 세포에 안정을 주고 균형과 조화를 이뤄 건강에 이바지하도록 하기 위해서이다.

내가 전체 동작에 사용하는 시간은 대략 오십 분에서 한 시간 사이이다. 내 경험으로는 자신의 호흡으로 한 동작에 사용할 시간을 정하는 것이 좋다고 느꼈다. 나는 보통 한 자세에서 약간 빠른 호흡으로 열다섯 번 가량 하고 다음 동작으로 넘어 간다. 바로 이런 수련 방법에서조차 수행의 의미를 엿보기도 하고, 의식과 호흡, 동작을 일치시키면서 짐짓 해탈의 경지도 가늠할 수 있는 것이다.

에필로그

수 년 전 정초에 십 여명의 대중이 모여 등산을 하기로 했다. 일행 가운데에는 다섯 살 짜리 어린 따님과 동행하게 된 한 젊은 부인이 있었다. 정작 산길이 험한 것은 문제가 없었으나 어린아이가 가는 길을 엄마가 따라 가지를 못하는 기이한 일이 벌어졌다. 듣기로는 대학 전공이 체육과라고 했다. 하지만 오늘의 일을 보니 믿기가 곤란했다. 조용한 시간에 몸에 어떤 문제가 있는지 물었더니 멈짓거리며 그간의 사정을 털어놓았다.

대학을 졸업하고 에어로빅 학원을 하나 내었다. 시내 학원 수준들이 고만 고만하니 무엇인가 특징이 있어야 될 것 같아 스스로 단전 호흡을 익혀 특색 있는 경영을 하고자 했다. 결심을 굳히고 틈틈이 수련하기 단 이틀만에 그대로 뒤로 넘어가 병원으로 직행하였다 했다. 그 후 수시로 병원 신세를 지게 되었고 매 번 한 주먹씩의 약에 의지하여 근근히 버텨 나간다고 했다.

정확한 병명은 기억을 못 했지만 쉽게 얘기해서 허파에 뭉터기 공기 주머니가 생긴 것이라고 했다. 흔한 말로 허파에 바람들었다는 말이다. 그러나 이미 나는 스님 한 분의 병구완을 하며 그 일을 알고 있었다. 입원실이 있었던 곳이 흉부외과였는데 복도에 다니는 환자들이 코구멍에 가느다란 호수를 끼어 넣고 한쪽 끝을 링겔 병에 꽂고 있었다. 그런데 그 끝으로 보글보글 거품이 계속 일어나고 있는 것이다. 궁금증에 간호사에게 물어 보니 바로 그것이 허파에 바람들은 병이라고 일러 주었던 것이다. 처음 듣는 병명이라 자세히 물었지만 흔한 병이고 원인이 다양하며 환자의 고통이 대단하다고 하였다. 그런데 바로 그런 환자를, 그것도 단전호흡을 익히다가 그 꼴이 난 사람을 보게 된 것이다. 그때까지 내가 알고 있는 바로는 호흡 수련 중에 얻은 병은 고칠 수 없다고 생각하고 있었고, 내 주위의 상식도 그것이 정설로 인정되었다. 내가 호흡 수련 중에 겪은 혹독한 고통은 아기 엄마의 상황을 어림잡아 짐작하게 했다. 내가 도울 수 있는 일은 나의 경험을 들려주고 호흡으로 얻은 병이라면 호흡으로 극복할 수 있지 않을까 하는 생각에 조심스레 물었다. 또한 매번 한 주먹씩 털어 넣어야 하는 약의 독해도 일러주니 쾌히 동감하고 어떤 방법이 있겠느냐고 했다.

물론 그와 같은 상태에서 다시 호흡을 시도한다는 것은 어리석고 미련한 일이다. 그러므로 요가가 가져다 줄 수 있는 이익을 설명하고 특히 단전 호흡에 상당하는 효과가 있음을 자세히 설명하였다. 그렇게 익힌 요가로 두어 달만에 산길을 부담 없이 걷게 되었고 일 년이 지날 즈음, 병원에서 약을 끊어도 좋다고 하였다는 소식을 전해왔다.

기억에 남는 한 친구가 있다. 나이가 삼십 세 가량 되었다 했다. 입산 출가하겠다고 주지 스님께 저간의 사정을 말씀드리니 병부터 고쳐야겠다며 이리로 보내셨다는 것이 원주 스님의 전언이다. 사정을 자세히 들어보니 고등 학교 이학년 때 담임 선생님께서 책 한 권을 읽어 주시며 이런 훌륭한 일도 있노라고 읽기를 권유하셨다 한다. 선생님의 말씀 한 마디에 귀가 번쩍 띄어 그 책을 즉시 구입해서 탐독했단다. 당시에 그 책은 나도 읽은 바가 있는데 이 친구가 도인이 된답시고 소설책 내용 따라 요상한 짓거리를 하다가 며칠만에 병을 얻어 삼십이 된 나이에도 사람 구실을 제대로 못하고 할 수 없이 쫓기듯이 절을 찾은 것이다.

몸의 상태를 물어보니 기력이 없어 아무 일도 할 수가 없다고 하였다. 측은한 생각이 들어 얘기 끝에 내가 도울 수 있는 일은 요가를 가르쳐 줄 수 있는 일뿐인데 따라 하겠냐고 물으니 시큰둥해 했다. 밥 숫갈도 들기 힘들다는 사람에게 운동을 해야 한다니 자기도 기가 찾던 모양이었다. 제깐에는 어느 도인 만나 단번에 병을 낫게 해줄 줄로 기대하고 왔는데 말이다. 때마침 일기가 불순하여 오가지도 못할 처지인지라 밥값 하느라고 별수 없이 따라 했다. 나흘만에 하는 말이 주먹에 힘이 가질 않아 아무 일도 할 수 없었는데 어제부터 손아귀에 힘이 들어가더란 말을 하며 신기해하였다.

결국 이 친구도 호흡 수련한답시고 서투른 짓 하다가 망친 청춘이었던 셈이다. 누가 이런 얘기를 듣더니 자신도 호흡 수련을 하지만 무슨 얘기인지 잘 이해가 가지 않는다고 하였다. 하루에 몇 시간씩 했느냐고 물으니 오 분 이내였단다. 그런 것을 수련했다고 할 수는 없으며 그 정도의 일을 두고 하는 얘기가 아님을 먼저 이해하여야 한다. 마을 운동회나 학교 운동회에서 힘껏 50m 달리기를 하고도 그 다음 날 온몸이 쑤셔대는 것을 경험한 일이 있을 것이다. 그때는 내장 구석까지 저미는 듯한 느낌이 든다. 호흡 수련에 전적으로 몰두하면 당연히 오는 현상을 경계하여 말하는 것이다. 그러나 호흡을 숙달했을 때 얻는 이익은 크다는 점도 알아야 한다. 이 책을 쓴 동기도 이 점을 분명히 하고 호흡을 익힐 때는 각오를 단단히 하고 시작하든지 아니면 좀더 노련한 지도자의 도움을 받아야 한다는 것을 알게 하고 싶었다. 그러나 호흡 수련만이 능사가 아닌 까닭도 있으니 인체의 구조는 매우 구조적이다. 어느 한 곳 소홀히 여길 수가 없다. 그러므로 다양한 동작이 인간에게는 필요하다는 점을 알리고자 하는 뜻도 자못 크다.

물구나무서기에 대해

많은 사람들이 물구나무서기가 어떤 이유 때문인지는 모르면서도 인체에 좋다는 말은 자주 들어서 알고 있는 듯하다. 그러나 하는 방법에 대해 자세히 모르기 때문에 해볼 엄두를 내지 못하는 것이 사실이다. 모든 이치가 다 그러하듯 이 자세도 서두르면 안 된다. 분명히 거꾸로 서는 생소한 동작임엔 틀림없지만 성급하게 하려하지 않는다면 그다지 어렵지 않다. 꼭 익히겠다는 결심을 했다면 우선 일 주일 정도는 다리를 들어올리려고 하지 말아야 한다. 처음에는 안전한 장소에서 시도해야 한다. 되도록 두 벽이 마주 닿는 구석진 곳에서 하는 것이 좋다. 그래야 뒤로 넘어갈 위험이 없으므로 마음놓고 할 수 있다. 다리를 높이 든 자세에서도 다리가 어느 한쪽 벽에 닿게 될 경우 기울어진 것을 혼자서 느낄 수 있다는 장점 때문이다. 대개의 사람들이 손 깍지를 낀 상태에서 팔꿈치와의 각도를 60° 로 유지한다는 것쯤은 아는 듯하다. 그러나 머리꼭지가 깍지낀 손안에 들어간다는 점을 생각하면 팔꿈치 사이를 약간 더 좁혀야 한다. 나중에 발을 뻗어 자세를 갖추었을 때 팔꿈치가 벌어지면 몸이 앞으로 기울고, 너무 좁아도 옆으로 기울거나 뒤로 넘어가게 된다. 확실한 기본 자세에서 서서히 종종 걸음을 하며 머리 쪽으로 걸어 가다 보면 신기하게 어느 순간 발이 바닥에서 들리게 된다. 이런 경우는 몸이 유연한 사람에게 금방 나타나지만 그렇지 못한 사람들에겐 몇 번이고 애를 써야 다리가 들리기도 한다. 이때 대체로 흥분하여 바로 다리를 추켜드는데 그런 방식으로는 오래도록 익힌다 하여도 나중에 의지할 것이 없는 장소에서는 시도하기 어렵다. 다리가 들리면 들린 상태를 주시하고 그 자세에서 멈추고 있어야 한다. 그래야만 몸이 특히 목, 어깨, 팔, 옆구리, 허리를 비롯한 몸통 전체가 힘쓰는 방법을 알게 된다. 왜냐하면 그 동작에 사용되는 근육이 물구나무서기 동작에 필요한 방식으로 전혀 힘을 써보지 않았기 때문에 몹시 서툴기 때문이다. 이렇게 이삼 일 가량 다리를 위로 들어올리지 않고 해당 근육이 충분히 알게끔 한 후 아주 서서히 다리를 뻗어 올린다. 이때는 벌써 온몸의 근육이 물구나무서기 동작에 어느 정도 익숙해 있어서 안정된 자세를 유지할 수 있게 된다. 또한 이 자세도 예외 없이 머리, 목, 어깨, 팔, 몸통, 허리, 옆구리까지 통증이 계속되지만 사오 일이 지나고 자세가 익숙해지면 불쾌감은 서서히 사라진다.

↘

↙

물구나무서기

유념할 점은 다리를 위로 뻗는 방식이 여럿일 수 있으나 무릎을 굽히지 말고 바닥에서 뜨기 시작한 그대로 천천히 들어올리는 방법을 개인적으로 권하고 싶다.

두어 달이 지난 후 벽을 의지하지 않고 가운데로 나와 시도해 보되 뒤에는 안전 장치로 필히 두툼한 방석을 두도록 한다. 중심을 잃고 뒤로 넘어갈 경우 재빨리 손깍지를 풀어야 손가락 부상을 방지할 수 있다. 그리고 목, 어깨, 등, 허리의 순서로 바닥에 닿게끔 다리를 가슴에 껴안고 넘어가야 부상을 방지할 수 있다. 끝낼 때에는 머리를 수그린 채 30초 가량 엎드려 있다가 일어나야지 방심하고 급히 일어나면 한동안 두통에 시달릴 수도 있다는 점도 기억해야 한다.

요가를 하는 사람들은 수련을 시작한 후 일 년에 몇 차례씩 앓던 감기도 없어졌다고 하지만, 나는 근본적으로 몸이 남과 같지 못해서인지 감기에 시달리는 일이 많았다. 결국 이 자세를 함으로써 감기에서 벗어날 수 있었기 때문에 이 자세 역시 익혀 두기를 권한다.

어쩌다 편도선이 붓고 느낌이 좋지 않으면 즉시 이 자세를 취하는데, 끝낼 즈음에는 코 안 가득히 콧물이 고여서 방심하면 그대로 방바닥에 쏟게 된다. 요가 교본에서는 요가의 왕이라고 지칭하면서 소개할 정도로 얻는 이득이 아주 많은 자세이다.

요새 젊은 아기 엄마들의 얘기를 듣다 보면 꼭 한 가지 공통점이 있다. 자기 아이는 기관지가 약해 항상 걱정이라는 것이다. 그러나 이는 요즈음 풍족한 가운데 어려움 없이 살아가는 탓의 결과이기도 하며, 그릇된 상식이 가져다 준 현상인 줄 알아야 한다. 한겨울에도 여름을 방불케 하는 온도에 살면서 탈이 나면 날씨 탓이나 하는 엄마들을 보면 그때마다 안타까운 마음에 당부하는 말이 있다. 우선 아기만큼은 간이 침대라도 만들어서 재우라는 것이다. 불 옆에는 습기가 접근할 수 없다. 그러므로 난로 옆에 젖은 빨래를 널어 두면 습기가 달아 날 수밖에 없어서 훨씬 빨리 마르게 된다. 우리의 방 구조는 온돌이라 바닥의 더운 기운은 당연히 습기를 밀어 올리는 역할을 한다. 어른들은 자신들이 건조함을 느끼지 못하므로 아기도 그러려니 여기는 일이 다반사이다. 이렇듯 아기에 대한 배려가 부족한 어른들 탓에 늘 낮은 공간에서 생활하는 아기에게는 우리의 전통 온돌방 구조는 별로 이롭지 못하다고 할 수 있다. 더구나 아기가 잠이 들었을 때에는 더욱 습기와 접촉할 수 없게 됨은 뻔한 이치이다. 가뭄에 논바닥이 갈라지듯 그때는 기관지가 마치 손등 트듯 갈라지게 된다. 이로 말미암아 공기 중의 세균에 감염되어 탈이 나기 시작하는 것이다. 방바닥이 펄펄 끓을 때는 가습기도 소용없다. 오직 방안 온도를 낮추는 일과 아기를 좀더 높은 공간으로 옮기는 일만이 최선책인 줄 알아야 한다. 특히 한겨울의 실내 온도는 18°가 무난한데 방안이 썰렁하면 남에게 궁색하게 보일까 봐 그러는지 요즈음 이 온도를 유지하는 집은 드물다.

내 경험으로는 가뜩이나 건조한 겨울 날씨에 실내 온도가 그 이상이 되면 몹시 부담스러워진다. 이 점에 대해 누구보다 확실한 경험으로 말할 수 있는 까닭은 평상시 물을 통한 수분 섭취량이 하루 한 홉이 채 되지 않는다. 그러나 여름은 전혀 아무 생각도 없이 지낼 수 있으나 겨울에는 간혹 물 생각이 날 때가 있다. 특히 더운 방에 있게 될 때마다 겪게 되는 현상이다. 무더운 여름 날씨일지라도 공기 가운데 습한 기운의 도움을 받을 수 있어서 부담이 없지만 겨울에는 건조해진 날씨 탓에 오히려 호흡을 할 때마다 몸속의 수분을 빼앗기기 때문이다. 그 까닭에 나의 오랜 관찰로 실내 온도는 18°가 가장 지내기 수월하다는 것을 알았다. 그러나 지금 보편적인 상식은 그것이 아니다. 의사들까지 감기 기운이 있으면 실내 온도를 높이라고 권하나 이는 도리어 병을 키우는 일이 되는 줄 알아야 한다. 요사이 스님들 사이의 일도 별반 다르지 않다. 젊은 스님들은 감기 환자가 발생하면 방안 온도를 높이려 하지만 노련하신 어른 스님들은 우격다짐으로라도 방안 공기를 썰렁하게 유지하도록 타이르신다. 결과는 방안 온도가 높아질수록 감기 환자는 빠르게 늘어가고 실내 온도를 낮추면 낮아지는 만큼 특별한 투약이나 치료 없이 저절로 수그러드는 것을 볼 수 있다. 청승맞게 들릴지 모르겠으나 그런 까닭에 나는 실내 온도를 높이기보다는 평소에 차라리 담요 한 장 어깨에 걸치고 생활하는 일을 당연시한다. 잠자리에 들 때에는 반드시 최고 온도가 15°를 넘지 않도록 보일러 실내 조절기를 만져 놓는 일도 잊은 적이 없다. 이렇게 하여야 냉랭한 방바닥이 습기를 밀어 올리는 일이 없어서 밤 사이에 탈이 나지 않을 수 있기 때문이다. 이와 같은 이치를 알게 된 아기 엄마들이 유념하고 실천한 까닭에 아기들이 습관적인 감기앓이에서 한결 같이 벗어났다는 경험담을 자주 들어왔음으로 소개한다.

이외에도 주변에서 흔히 볼 수 있는 질환이 요가 수련을 통해 극복된 다양한 일화가 많다. 하지만 여건상 일일이 소개할 수 없음을 이해하기 바란다. 나이에 관계치 않고 괴롭혀 여성들이 특히 쑥스러워하는 요실금도 요가로서 다스릴 수 있다는 점을 알리고 싶다. 남성들 역시 말못할 고민 가운데 하나인 전립선염을 훌륭히 극복할 수 있다는 점을 기억해 두길 바란다. 또한 요즈음 원인 모르게 불시에 찾아오는 마비 증상도 짧은 요가 수련으로 극복하고 주위사람들까지 놀라게 하는 일도 여럿 보아 왔다. 부디 원인 모를 질환이나 쇠약한 증세로 시달리는 사람들은 깊은 관심을 갖길 바란다.

또한 사람 체질의 다양성으로 인하여 한 가지를 잣대로 하여 판단하기 어려운 병 아닌 병도 많다. 특히 신병이라 불리는 원인 불명의 병은 알게 모르게 본인과 주위에까지 깊은 마음의 상처와 심적 고통을 안겨 주게 된다. 물론 전적으로 개인적 체험을 바탕으로 하는 말이긴 하나 동작을 위주로 하는 '하타 요가'는 순수한 수행법의 일종이기도 하다. 하지만 수행하는 사람들이 수행 중에 반드시 겪게 되는 수행에 의한 심적 변화와 이를 따르지 못하는 물리적인 육체의 부조화를 깊이 있게 인식하고, 이를 극복하기 위하여 오랜 기간 그들에 의해 연구되고 개발된 치료법 내지 건강법이란 것이 나의 확고한 생각이다. 그러므로 본인의 뜻과는 상관없이 단지 체질적인 이유로 이와 유사한 증세에 시달릴 수 있다는 근거는 얼마든지 있을 수 있다. 그런 관점에서 신경성 질환이나 원인 불명인 채 타인이 전혀 이해하지 못할 여러 가지 증세가 나타나는 사람들은 꼭 요가에 깊은 관심을 갖고 스스로를 다스린다면 매우 좋은 결과를 얻을 수 있으므로 허심 탄회한 마음에서 간곡히 권유한다.

요가 중에는 피부의 기능이 대단히 활성화되어 피부 세포 속의 유해한 요소와 노폐물을 배출하고, 공기 중에서 신선한 산소를 받아들이는 피부 호흡 작용이 더욱 왕성해진다. 그러므로 요가를 할 때의 복장은 헐렁하고 부담스럽지 않은 옷일수록 좋다. 또한 인조 섬유보다는 면 계통의 옷이라야 몸에 휘감기는 현상이 없고, 땀도 잘 흡수하여 상쾌한 기분으로 할 수 있다. 물론 평소의 복장 상태도 몸에 꼭 끼거나 허리를 바싹 졸라매야 하는 등의 옷은 피하는 것이 건강 관리에 좋다.

내 경우 평소의 좌선시에는 허리띠를 완전히 풀어놓고 지낸다. 활동을 하더라도 허리를 옥죄는 일은 결코 없다. 만약 허리를 조여 맨다면 내장이 많은 장애를 겪게 됨은 너무나 당연한 이치이기 때문이다. 그런 관점에서 현대인들의 복장 상태를 보면 그들의 건강이 온전하다는 것이 오히려 신기하게 여겨진다.

거듭 강조하지만 요가의 목적은 오장 육부에 깊은 자극을 주려는 의도가 강하다. 그런데 음식물을 먹고 소화가 될 시간적인 여유도 없이 요가를 한다면 연약한 내장 벽이 손상을 받을 수도 있다는 점에 유의하여야 한다. 특히 딱딱한 음식물의 느낌은 몹시 거북스럽다. 결국 본인이 스스로 자각해서 대처해야 할 문제이지만 각자의 성향이 다를 수도 있겠으나 되도록 음식물이 충분히 소화가 된 다음에 하도록 한다. 그리고 배변 후에 수련하는 습관을 들이도록 노력해야 한다는 점도 기억해둘 일이다.

요가를 마친 후에는 수련 중에 잃은 수분을 보충한다는 의미와 장관 안으로 떨어져 나온 숙변 등의 유해 물질을 말끔히 씻어 낸다는 기분으로 냉수 한 컵 마시는 일도 잊지 말자.

요가인을 위해 쓰여진 책들을 보면 요가를 실천하는 사람은 사회 생활을 포기해야 하는 것이 전제 조건인 것 같은 생각이 들 정도로 먹고, 먹지 말아야 할 것을 예시해 놓은 것을 본다. 나는 적은 양으로 생식을 다년간 해온 사람으로서 음식이 꼭 사람이 살아가는데 절대적인 요소가 된다는 생각은 잊은 지 오래되었다. 우리가 기아에 허덕이는 처지가 아닌 이상 상한 음식인 줄 알면서까지 먹을 사람은 없는 것이 현실이면 됐다. 그것 말고 달리 무슨 말이 필요할까?

또 그럴 듯이 들리는 말이지만 자신이 태어난 곳에서 70리 안의 것을 먹어야 한다는 따위의 주장을 들으면 얼마나 근거가 확실한지는 모르겠으나 꽤나 할 일 없는 인간들도 있다는 생각이 든다.

백여 년 전 인천에서 화물선에 실려 고국을 등지고 하와이 사탕수수밭으로 끌려가 짐승과 같은 대접을 받으며 마지못해 살았던 사람들이 대체로 장수했고, 아직 생존한다는 얘기를 들으면 그런 생각은 더욱 굳어진다. 우리 것만 먹을 수밖에 없었던 이 땅의 할머니 할아버지는 요즘에야 겨우 환갑이 청춘이지 불과 이십여 년 전만 하여도 그 나이면 천수로 여기지 않았던가 말이다. 천견 박식한 탓인지는 몰라도 굳이 무엇이 안 좋고, 어떤 음식은 괜찮고를 따지며 산다면 무척 피곤한 삶일 것이라는 생각은 그래서도 여전하다.

나는 생식을 밀가루 한 포만 달랑 준비해서 시작했다. 거처하던 토굴이 큰절에서 불과 수백 미터 남짓 떨어진 곳이고 화식을 하면서도 점심 한 때만 먹던 터라 큰절 신세를 졌다. 화장실이 달리 없어 하루 한 번은 큰절에 갈 수밖에 없었는데, 생식을 하면서 그 일도 드물어졌다. 그러니 궁금해진 노 보살님들이 연유를 알고 보름 남짓 지난 어느 날 손수 쌀가루를 장만해 오셔서 밀가루 생식은 안 된다고 극구 만류했다. 연로해도 아시는 것도 많으시지, 하얀 밀가루가 되기까지는 약품이 스무 가지도 넘게 들어가고, 고운 얼개미에 밀가루를 걸러 보면 표면에 약품 알갱이가 무수히 떠오른다며 밀가루 포대를 빼앗듯이 가져가 버렸다. 그렇게 해서 본의 아니게 밀가루 생식을 중단하게 되었는데 그때 함께 준비해 주셨던 것이 양배추며, 오이・당근・깻잎 등이었다. 그러나 냉장고가 없으므로 어느 것도 단 하루도 제대로 보관할 수 없었고 양배추만큼은 꼭 보름 걸려 한 포기를 먹는데도 마지막날까지 어떤 기후 조건에서도 거의 변함이 없어서 아직까지 의지하고 있다. 그런데 몇 해 전에 누가 양배추는 잘 씻어 먹어야 한다며 걱정을 한바탕 늘어지게 해주시는 것이다. 사연인즉 채소류 중에서 이것만큼 농약을 많이 치는 것도 없다는 것이다. 마침 내가 지금 살고 있는 곳 부근에 양배추 재배 단지가 있었다. 의문을 풀 수 있는 좋은 기회라 생각했다. 그래서 농부에게 여쭈어 보니 목욕시키듯 농약을 뿌려야 보기 좋게 키울 수 있기 때문에 요놈만큼은 거들떠보지도 않는다는 것이다. 엎친 데 덮친다더니 그 즈음 어느 글을 보니 내 체질에 양배추는 해롭다고 했다. 누군 먹고 싶어 먹는가? 모르긴 해도 요놈 하나만 십 년을 줄기차게 먹어 왔지만 아직 별탈이 없지 않던가? 좌우지간 아는 것이 병이었다. 듣고 보니 먹을 기분이 들지 않았다. 양배추가 체질에 맞고 안 맞고를 떠나 그것만큼 영양가가 있다는 케일의 자람을 본 적이 있다. 아마도 그렇다면 좋은 것은 벌레가 먼저 아는 모양이다. 잎사귀마다 붙어 있는 벌레는 도저히 인력으로는 감당할 수 없다. 그런데 가게에서 사오는 케일은 아무 이상 없으니 보지 않더라도 뻔한 일 아니겠는가? 하여간 양배추는 아직도 먹는다. 단지 그 말을 듣기 전과 달라진 것이 있다면 십오 분 정도 물에 담가 놓았다 씻어 먹는다는 점뿐이다. 그러나 물에 잠긴 채소를 보면 표면에 공기 방울만 맺힐 뿐이니 묻어 있을 농약에는 별로 효험이 없을 듯하다. 그래서 식초를 풀고, 소금을 치고, 이것도 부족하여 세제까지 사용하여 씻는 모양이다. 아예 더 이상은 못들은 것으로 해두고 말일이다. 그런 처지이니 생식에 무엇이 좋고, 인삼과 꿀은 생것이니 괜찮지 않느냐는 말 따위는 내게 흥미조차 일으키지 못한다. 아직도 비타민과 영양제가 어떻고 하는 것도 관심 없기는 마찬가지이다.

무지몽매한 까닭인지는 몰라도 인체의 기능을 전적으로 신뢰한다. 공연히 비타민과 영양제 등을 집어넣어 신체 본연의 임무에 혼란을 줄 필요는 없다는 것이 오래된 나의 신념이다. 또 쓸 만큼 쓰다가 힘겹게 되면 온 그 자리로 돌리면 그뿐 아닐까?

어쩌다 길 떠날 준비도 없이 토굴을 나서게 될 때가 있다. 동행인들은 허기를 달래야 할 시간이 되면 걱정부터 한다. 물론 나에 대한 배려 때문이다. 그때는 마음 편히 앞장서서 음식점으로 찾아 들어간다. 혼자라면 빵집에 가서 물 한 컵에 빵 두어 개 집어먹고 나오면 되겠지만 우리 나라 사람은 본디 밥에 길들여진 민족이니 승속간에 예외가 별로 없다. 찾아 들어간 음식점이 냉면이라도 하는 집이면 내게는 횡재수가 있는 날인 셈이다. 본디 먹성이 시원치 않은 탓에 가루 음식을 별로 좋아하지 않지만 생식을 한 후부터는 냉면 정도는 먹는다. 하지만 그때마다 별난 주문이 시작된다. 고춧가루 빼고 파, 마늘 넣지 말고, 계란도 얹지 말고 할 땐 옆에서 지켜보면 가관이다 싶다. 정작 먹어야 하는 나는 가만히 있는데 말이다. 생식은 내 일신이 편하기 위하여 하는 짓이다. 그런데 왜 그것 때문에 타인이 도리어 수고로워야 하는지 이유를 모르겠다. 물론 먹지 않던 음식이 들어가면 뱃속이 불편한 것은 사실이다. 가령 기름에 튀긴 음식이 입술을 통과하면 벌써 입 언저리는 짓무르기 시작하니 뱃속이야 오죽할까 하는 생각이 없는 것도 아니다. 그러나 긴 세월 동안 먹었고, 지금도 모든 사람이 먹는 음식인데 별나게 그럴 까닭은 없다고 생각한다.

오랜만에 만나 회포를 푸는 자리에서도 한 끼만 먹다 보니 오후에 도착하여 아침에 나오게 되면 물 한 모금도 마시지 못한 채 헤어질 때가 있다. 우리 나라의 민족 정서로 볼 때 아직은 그런 일이 여간 계면쩍은 것이 아니다. 오전에는 물 한 모금 마시지 않는다는 원칙을 지키지만 그 밖에는 상황에 따라 과일이나 과자, 빵도 집어먹는다. 신기하게 바라보며 엉뚱한 짓거리에 재미있어 하는 그들의 모습이 오히려 나는 보기 좋다. 그래도 그 일이 있고 나면 삼사 일 정도 머리가 띵하고 불편한 느낌은 숨길 수 없는 것이 사실이다. 그러나 음식이 있는 자리에서 멍하니 있는 것도 인간이 취할 도리가 아니다. 몸뚱이 하나 간수하는 것이 인생살이의 전부가 아니라면 음식에서조차 떳떳하고 당당해야 한다는 생각이 평소에 있는 까닭에서이다.

요가 수련은 수행하는 마음으로

이 년 전에 처음으로 여러 사람들이 원하던 바라 비디오 촬영에 응하기로 하였다. 설명도 있어야 하고, 분위기 있게 음악도 넣어야 한다고 했다. 제목도 멋있게 붙이자고 했지만 부질없는 짓이란 생각이 들어 한사코 말렸다.

이 요가 프로그램은 물론 내가 구성하긴 하였으나 그렇다고 새롭게 창안한 자세의 운동법은 아니다. 더구나 요가를 배우거나 전문 요가인들의 자세를 직접 보지도 못했으니 요가라고 이름을 붙인다는 것도 우스운 일이 될 듯 싶었다. 그런 이유로 요가란 명칭조차 붙이기를 주저했다. 굳이 그 이름을 넣어야 한다면 뒤에 반드시 체조라는 두 글자를 덧붙이게끔 부탁했다.

나는 평소 요가를 할 때 언제나 편안한 마음으로 한다.

그러므로 요가 테이프를 놓고 해야 할 사람들에게도 설령 좋은 음악일 망정 소음이 될 것이라는 생각도 있었다. 그러나 반응은 전혀 딴판이었다. 어째 설명이 없느냐는 둥, 음악이 있으면 더 좋았을 것이라는 둥, 심지어 몇몇은 텔레비전이 고장났다고 소란을 피웠다고 한다. 어찌 그리 생각들이 똑 같은지. 항상 듣는 음악인데 그때만큼은 안 들어도 덧날 일은 없을 터인데 말이다.

잔잔한 음악이 흐르는 속에 요가를 한다는 것도 나쁘지는 않을 듯하나 바쁜 일상에 쫓기며 사는 사람들에게 그 시간만큼은 자신을 스스로 돌이켜보는 소중한 시간이 되었으면 하는 바람이 있기 때문이다. 그래도 조용한 음악 정도야 괜찮지 않겠느냐고 여길지 모르겠으나 사람은 익힌 업에 따라 생활 방식도 영향을 받는다. 차분한 가운데 하다 보면 어느 사이 그런 분위기에 흠뻑 젖어드는 자신을 볼 것이다. 스스로도 성격이 차분해져 가는 것을 알고, 그 변화를 주위 사람들도 쉽게 느낄 수 있게 된다. 그러므로 요가를 수련하면서 이구 동성으로 "스님들이 무슨 재미로 수행을 하는지를 이해할 수 있게 되었다"고 말한다. 그러면서 점점 요가에 취미가 붙고, 나아가 건강에도 자신을 갖게 된다. 문득 이것마저 잊는 날이 오면 어느덧 수행의 즐거움에 흠뻑 빠져든 자신을 보게 된다. 이런 소중한 시간을 한낱 소음에 빼앗겨 버린다면 여간 억울한 일이 아닐 수 없다.

요가 자세 순서도 그다지 까다롭지 않게 구성되어 있다. 균형을 염두에 두고 한 번 앞으로 굽혔으면 반드시 뒤로 젖히는 동작이 뒤따라 이어지고, 한쪽으로 비틀었으면 다시 반대쪽으로 비틀게끔 구성되어 있다. 요가 수련시 몇 동작을 하고 나면 몸이 부드러워지므로 이에 맞춰 자세도 조금씩 난이도가 높아지도록 하였으니 이 점을 유념하면 쉽게 기억할 수 있다.

요가를 하고자 하는 사람이 아니더라도 관심이 있다면 건강법 대해 설명하기를 주저하지 않는다. 한 번 들어둠으로써 자신의 건강 관리 방식에 얼마간 응용할 수 있기 때문이다. 그런 이치와 이 프로그램이 주는 매력이 그럴 만한 가치가 있다고 생각되는 사람들끼리 일정한 장소에 모여 교감을 나누며 수련하는 것도 바람직하다고 생각한다. 아무리 자신만의 공간에서 자기만의 시간을 갖으려 하나 일순간도 사회와의 단절은 생각할 수 없는 세상에 우리는 살고 있는 것이 거부할 수 없는 현실이다. 한두 번 이어지는 전화에서도 마음이 흐트러질 수 있고, 예고 없는 방문에 요가 수련 시간을 모조리 빼앗겨 버릴 수도 있는 까닭에서이다.

아이들이 사용하는 말 중에 "물은 물대로 가고 때는 때대로 간다"는 말이 있다. 유유상종(類類相從)이라 결국 끼리끼리 모인다는 말이다. 어질고 착한 생각을 갖고 있는 사람들이 한자리에 모여 비록 깊은 대화를 나누는 시간은 아닐지라도 날마다 나누는 교감은 결국 좋은 결과를 낳고 큰 이익도 있다.

요가인에게

"스님! 영육간에 평안하시고……"

지난 정초 제주도에서 요가인을 이끌어 주고 있는 한주훈 씨와 통화를 거의 마칠 무렵 특유의 낭랑한 목소리로 축원해 주던 인사말 중 한 구절이다.

지적 용모를 지닌 여성이 풍기는 인상답게 요가 서적을 미리 살펴보고 와서 요가란 글자의 어원과 그 뜻을 설명해 주기를 부탁한 적이 있다. 나는 그런 현학적인 지식 축적에 본디부터 별로 관심도 없거니와 그에게도 도움이 될 것 같지 않아 오히려 요가에 대한 관심을 갖게 된 동기를 묻고 그에 관하여 적절히 이해를 도운 적이 있다.

지난해 가을 제주도의 한 선방에 머무르고 있을 때 나의 일상을 주의 깊게 관찰했던 스님들이 제주시에 대단한 요가 수행자가 있노라고 귀띔해 주었다. 그렇게 해서 만나게 된

분이 한 선생이다. 그 분의 축원 가운데 요가의 의미를 함축한 뜻이 있다고 생각한다.

부처님의 말씀에서도 치우침이 없는 중도법을 소중히 하셨고, 유가에서도 중용의 묘를 매우 의미 있게 여긴다. 지난 날 한 때는 지나치리만큼 몸에 얽매였던 적도 있었다. 또한 몸의 기능을 전혀 무시한 채 생활하던 때도 내겐 있다. 하지만 요가의 묘미를 알고 나서는 그런 일이 얼마나 철없는 짓인지 이해하게 되었다. 요가 수련은 한 마디로 '정신과 육체의 만남의 장'이다. 정신과 육체가 서로를 알고 이해할 때 비로소 어느 한쪽으로 치우친 주종 관계를 벗어나게 되며, 대립과 갈등이 야기시킨 부조화로 인한 긴장이 사라진다. 조화로움 속에서 완연히 하나가 될 때 순수한 통일체는 무한의 가치를 창출하게 된다. 너와 나, 즉 피차가 없는 고로 그에 따른 절대의 세계는 무아의 경지를 자연스럽게 연출한다. 이를 일컬어 진실로 영육간의 평안함이라고 할 수 있을 것이다.

앞에서도 수차 밝혔듯이 나는 출가인으로서 단지 수행에 전념코자 건강을 염두에 두고 요가 동작을 일과로 실천하게 되었다. 우연히 나의 건강법에 관심을 둔 사람들이 이를 따라 익히고, 이익을 확실히 체험하고는 자신의 건강과 여러 사람을 위하여 공개적인 장소를 마련하겠다는 자비로운 계획을 하기에 이른 것이다.

제주도의 한주훈 선생을 만나기 전까지 요가인은 물론이

고 요가원도 구경조차 한 일이 전혀 없던 터라 그 쪽 실정에 대해서는 아는 것이 전혀 없다. 그런데 요즘 요가 강좌를 계획하고, 요가원을 순례하고 있는 사람들의 이야기를 듣고 미루어 짐작하면 새삼 실망을 하게 된다.

내가 경험한 바에 의하면 요가는 완벽한 건강법이라 할 수 있다. 또한 현실적인 사회 병리 현상에 정신적으로 심히 시달려야 하는 현대인에게 더할 나위 없는 매우 훌륭한 수행법이 됨에는 재론의 여지가 없다. 그런 보배로운 요가를 한낱 시장이나 거리에서 상품을 필 때 덤으로 얹이 팔 듯이 무슨 법, 아무 도, 심지어 단식과 지압, 건강 보조 식품 등의 간판 문구 속에 방치한다는 것은 주체성도 자존심도 아예 없는 일이라 할 것이다. 이런 일은 마치 귀한 보석을 두고도 그 가치를 모르고, 우선 그럴 듯하고 화려해 보이는 유사 모조품을 선전하는 것과 다를 바가 없다. 나는 이 일에 대하여 미처 알지도 못했고, 깊이 생각해 본 적도 없거니와 출가 본분사와도 상관없는 일인지라 관심조차 없다.

이 책을 쓰면서까지 요가원의 현실에 대해 전혀 알지 못했다. 그러나 이에 대한 이야기를 비로소 전해 듣고 전문 요가인도 아니고, 주제 넘치는 짓인 줄 알지만 안타까운 마음에 이 글을 덧붙이는 것이다.

나는 부처님 말씀을 연구하는 사람이면서도 시각을 달리하지 않고 요가만의 장점을 발견한 것이 있다. 요가 수련은 인간 스스로의 완전함을 인정하고, 그것을 절대적 신념으로 하여 발달했다는 것이다. 그러므로 남의 도움을 전혀 필요로 하지 않는다. 또한 특별한 의약과 음식물, 심지어 전지전능한 무엇이 있다고 하더라도 요가 수련이 동반하는 이익에는 결코 견줄 수 없다. 이 생각은 내게 있어 너무나 확고하며, 이 점을 알고 요가 수련법을 익히는 데 주저함이 없었다. 물론 인간은 사회적 동물이므로 의약과 음식물 등의 쓰임도 있다. 하지만 그것이 절대적이라면 의약과 돕는 손길이 없는 곳에서는 자신을 전혀 돌볼 수 없다는 모순에 빠지게 된다. 이 점에 공감한다면 요가인은 자신의 능력 말고는 무엇의 도움을 받으려 하거나 어떤 혜택에 의지하려는 생각을 가져서는 안 된다.

나는 부처님의 말씀을 통해서 모든 사람이 당당하고 떳떳하게 살 수밖에 없는 이치를 알았다. 요가 수련을 실천하면서 이 기능의 완벽함에서도 같은 도리를 발견했다. 그런데 왜 이런 다시 없는 훌륭한 법을 형편없고 천박한 것에 끼어 팔 듯 해야 하는지 이해가 가질 않는다. 만약 이런 현상이 요가인의 자질에 관한 것이라면 열심히 연구하길 권한다.

요가의 이익은 첨단 의학도 미치지 못하는 역량을 갖고 있다. 그러므로 아무리 과학이 발달하여도 여러분이 인류를 위해 이바지할 일은 항상 변함이 없다. 그리고 또 한 가지는 여러분 자신이 요가 수행자라고 불리는 것에 긍지를 갖길 바란다. 물론 우리 절 집 이야기이긴 하지만 나는 스님들과의 대화에서도 같은 말을 자주 한다. 승려는 성직자려니 하기보다는 수행자의 자세로 생활해야 한다는 것이다.

여러분들이 대단한 난치병 전문 치료자가 되고, 이름난 건강 관리자가 된다 하더라도 결코 요가 수행자로 인정받지 못한다면 요가를 발전시켜 온 많은 선각자에게 떳떳할 수 없게 될 것이다.

현대 의술의 맹점이 그러하듯 여러분이 도움을 줄 수 있다 하여 요가의 어느 자세가 무슨 병을 다스린다는 따위의 돌팔이 짓은 말아야 한다. 굳이 서양 의학보다 동양 것이 낫다는 뜻으로 하는 말은 결코 아니나 동양 의학에서는 어느 한 곳에 뚜렷한 이상이 있음을 발견했다 하더라도 그 부분과 유기적 관계에 있는 주변 장기의 기능을 골고루 활성화시킴으로써 문제가 있는 곳에 활력을 되찾게 해준다는 것이 동양적 치료 개념이라는 점은 이미 알려진 일이다. 이는 어느 한 부분만 다스리다 보면 다시 조화가 깨져 새로운 문제가 발생된다는 경험적 이론이 바탕이 되었기 때문이다. 그러므로 요가 역시 본디 균형과 조화를 중시하는 이념을 바탕으로 하듯 오직 꾸준한 수련의 결과 가운데 예기치 못했던 좋은 일도 있는 양한다면 정직한 요가인이라 할 수 있을 것이다.

말이 길어지면 핵심이 흐려지는 법이다. 미처 토로하지 못한 심정까지 가슴으로 이해하였으면 하는 바람을 덧붙여 전하고자 한다.

외람되이 스님들께

면목없는 일입니다. 하지만 이 글을 쓰면서 저의 경험담을 들려드려 공감하는 바가 있다면 부처님의 은혜와 시주님네 음덕에 보답하는데 조금이나마 도움이 되지 않을까 하는 생각으로 감히 아룁니다.

빈승은 시절 인연으로 지난해 넉 달 남짓 시내 포교당에 관여한 적이 있습니다. 스무 해 승려 생활에 내 일이라 생각지 않았던 주지직인지라 고심을 하다가 잠시 시은에 보답할 기회라 생각하고 곧 요가이론 강좌를 하루 두 차례씩 삼일간 했습니다. 본인의 됨됨이를 스스로 잘 아는 까닭에 누구에게도 도움을 줄 생각을 못했던 처지였는데, 이어진 참선 강좌까지 예기치 못했던 반응에 제 자신도 고무되어 단지 이론 강의로만 그칠 수 없어서 오십 평 강당을 활용하여 요가 수련 교실을 휴일도 없이 하루 두 차례씩 이어서 하게 되었습니다. 물론 그렇지 않은 곳도 많지만 한 달에 한두 번, 심지어 일 년에 몇 차례 쓰임새밖에 없는 절 집 공간이 여간 모순되게 여겨지지 않던 까닭도 저의 솔직한 평소 생각이었기 때문임도 아울러 밝힙니다.

결과로 넉 달 남짓한 기간 동안 교통이 여의치 못한 곳임에도 불구하고 남녀 노소를 불문하고, 불자와 그렇지 않은 분, 심지어 타종교인까지 부지기수의 사람이 동참하였습니다. 연인원이야 추산한들 무슨 의미가 있겠습니까마는 단 한 차례라도 구경 삼아 온 사람까지 헤아린다면 짧은 기간이지만 천 명에 육박하는 숫자가 결코 과장이 아닙니다. 소문에 현혹되어 왔다가 다음날은 볼 수 없는 사람이 하루에 열 명이 훨씬 넘을 때도 있었지만 너무도 당연한 일이었고 제가 구성한 요가 프로그램으로는 일인당 한 평 가까운 공간이 필요했기 때문에 수용 인원도 제한해야 할 지경이었는데 공간에 맞추어 동참 인원이 조정되니 여간 다행한 일이 아니었습니다.

저는 타고난 재능도 없어서 분위기를 꾸밀 생각도 못했지만 우선 저의 프로그램이 이것에 관심을 갖게 할 수밖에 없었던 각 개인의 딱한 사정이 개선되어 그들의 기대가 충족될 수 있기를 내심 바랬습니다. 다음은 차분한 분위기에서 행해지는 수련을 통해 거칠어진 심성이 순화되고, 나아가 수행의 의미를 엿보고 삶의 가치를 다시 확인할 수 있기를 기대하며 진행하였습니다.

요가 프로그램에 참여한 분들이 개인적으로 얻게된 이익

에 관한 일은 그만두고 빈번한 일은 아니었으나 여러 사람이 불교에 관심을 갖게끔 한 동기도 되었고, 자발적으로 개종한 분도 여러 명 되었습니다. 물론 그분들이 나는 아직까지 누구인지 모릅니다. 일과 중에 그런 일에까지 관심을 가질 만큼의 시간도 없었거니와 본디 요가 강좌를 개설한 취지도 그것이 아니었기 때문에 다만 사무실에서 전해 주는 이야기만 들었습니다.

하여간 짧은 시간이었으나 진 빚이 많지 않은 까닭인지 주지직까지 말끔히 청산하고 제 본연의 모습으로 돌아오게 되었습니다. 스님들과 제 모습이 다를 바가 없으니 수행자들의 일이야 접어두고 이 일로써 얻을 수 있는 이익은 첨단의 의술도 해결하지 못하는 일까지 감당하니 소중함에 있어서는 비길 바가 없습니다. 또한 각자에게 잠재된 능력을 일깨우고, 아울러 궁극의 진리를 증득함에도 본인의 역량으로만 가능하다는 사실을 깨닫게 하는 일로도 미망의 늪에서 허우적거리는 뭇중생들에게는 감로법이 될 것입니다.

지난해에는 사오 개월 사이 사찰 등록 관계로 수 차례나 법무사 사무실을 드나들어야 했습니다. 마침 종단 분규가 치열할 때인지라 머리 깎은 사람이 나타나니 자연스럽게 화제는 혼자 사시는 스님들이 왜 그러는지 이해할 수 없다는 데까지 이르렀습니다.

제 대답은 "혼자 사니까 그럴 수 있지요"였답니다. 명답입니까? 들으신 분도 어처구니 없었을 것입니다. 싱글이라는 것이 얼마나 멋진 일입니까? 우리는 더구나 수행자가 아닙니까? 고고하게 살지는 못할 망정 옹색한 답변이나 하는 처지가 되어서야 부처님과 뒤로 하고 온 부모 형제에게 면목이 서는 일입니까? 그런 일이 있을 적마다 이구 동성으로 승복입고 다니기가 부끄럽다고 했습니다. 이번 일도 그 말을 입에 달았던 사람들이 한 짓은 아니던가요?

내겐 라디오도 없습니다. 나의 역량이 미치지 못할 일인 줄 알기에 세상 일에 관심도 없고, 집배원 아저씨들 한 걸음 덜하라고 신문 잡지도 안 받아 봅니다. 그런데 우연히 시중에 나갔다가 추풍에 낙엽 지듯 사다리에서 떨어지는 무고한 젊은이들을 TV를 통해 스치듯 보았습니다. 그들이 왜 그 지경이 되야 하는지 나는 아직도 이해가 안 갑니다. 우리는 스스로가 좋아서 이 길을 갑니다. 그런데 왜 머리 깎은 사람들의 일로 그들이 생사의 갈림길에 서야 하고, 평생 불구가 되어 부처님을 비방하고 원망해야 합니까? 나중에 들었는데, CNN 방송에서 전 세계에 생중계를 했다고 하니 이제는 승복입고 외국에도 못 가게 되었다지요? 차라리 마을 사람들 말처럼 이권 다툼이면 덜 부끄럽지 않을까요? 알량한 명분 때문에 얻은바 이득도 없는 일에 몰두했던 것 아닙니까? 부처님도 그 일을 염려하셔서 승부욕을 경계할 것을 간곡히 당부하셨습니다. 실체도 없는 구실과 명분으로 그 난리를 피워 놓고 다시 불자님들 앞에 떳떳이 설 수 있단 말입니까?

우리는 부처님의 적자로서 내 것이 없어야 하는 수행자입니다. 저는 아직 인도 땅에 가보지 않아 모르긴 하나 처한 이곳의 여건이 부처님과 같이 살 수 없다 하더라도 부처님보다 훨씬 부자가 되어 버린 듯합니다. 정녕 이 일도 심히 부끄러워해야 할 일입니다.

또한 우리는 남에 대한 배려가 전혀 없는 세상에 온 듯이 살고 있습니다. 흔한 말로 이기심이 팽배한 세상이라는 말이겠지요. 요즈음은 기업도 얻은 이익을 사회에 환원해야 한다고 성인 버금가는 구상을 하는 때입니다. 우리가 머무르는 곳이 불자들의 피와 땀이 서린 곳이어서가 아니라 활용할 수 있는 공간을 방치하는 일도 도리가 아닐 수 있다는 생각에 적은 글입니다.

참선요가 - 비디오 판매 안내 -

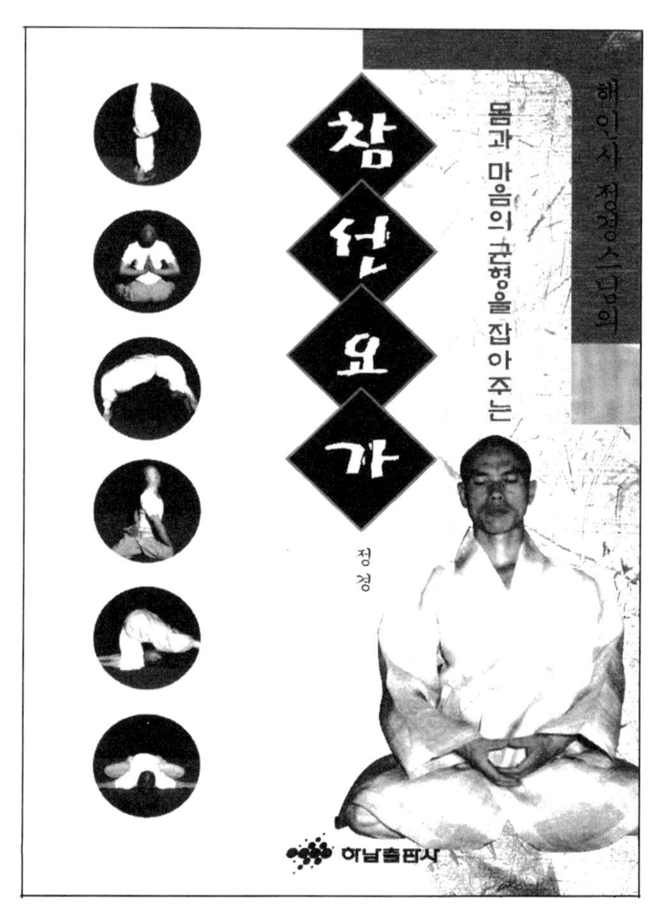

상영 시간 : 54분　　가격 : 18,000원

우편 주문 :

본사 02)720-3211(전국 서점 건강 코너 및 전국 지부에서도 구입 가능)

정경스님의 참선요가를 만날 수 있는 곳

*는 지도자와 상담 가능한 전화

장소	전화	장소	전화
서울 종로지부	02-733-5211 www.ntyoga.net	인천 용화사 불교문화원	032-875-2796 *016-422-6233
서울 강남지부 요가센터	02-517-5959	부산 구포 미륵사 문화원	051-332-6530
창원지부 참선요가원	*055-276-3064	경북 왜관 석종사 문화원	0502-509-0012
거창지부 참선요가원	*055-943-0987	분당 수내 참요가원	*031-714-0740
대구지부 대백 문화센터	*016-518-8625	경남 함양 참선요가원	*055-962-2034
대전지부	*042-488-1036	전북 남원 참선요가원	*063-633-2399
여주 신륵사 불교문화원	031-885-2505	제주 서귀포	*018-409-2725
대구 불교TV 문화원	053-754-6633	제주 일도 1동 참선요가원	*064-752-7442

위 장소는 정경스님과 직 · 간접적 관련이 전혀 없습니다. 위의 장소는 자발적으로 참선요가를 수련하는 곳입니다.
각기 사정에 따라 변동이 있을 수 있습니다. 수련장을 알리려면 연락바랍니다. 〈하남출판사 전화 02-720-3211〉

참선요가

지은이 | 정경스님
펴낸이 | 배기순
펴낸곳 | 하남출판사

초판1쇄발행 | 1999년 7월 15일
초판8쇄발행 | 2004년 12월 1일

출판등록 1988년 5월 1일
등록번호 제10-221호
서울시 종로구 관훈동 198-16 남도빌딩 302호
Tel : (代)(02)720-3211 Fax : (02)720-0312
e-mail : hanamp@chol.com
www.hanam@hnp.co.kr

ISBN 89-7534-137-2 03690

저자와의 협의에 의해 인지는 생략합니다.
잘못 만들어진 책은 바꿔 드립니다.

성의 비밀
닉 더글라스 저/이의영 옮김/국배판

성과 신비주의적 체험을 바탕으로 한 카마수트라·탄트라·만트라·소녀경 등 동서 고금의 성 체위에 대한 600여 컷을 게재하였고, 인도, 네팔, 티벳, 이집트, 중국 일본 등에서 2000여 년간 전설로 여겨져 왔던 성의 비밀을 적나라하게 밝히고 있다. 이 책은 성의 백과 사전이라고 할 수 있다.

건강 마사지
루시리델 저/박지명 옮김/4×6 변형판

마사지, 지압, 반사요법에 대한 기초적 설명과 더불어 누구나 쉽게 마사지 실기에 접할 수 있도록 사진과 도해의 상세한 해설로 편집되었다.

요가
스와미 시바난다 요가센터 저/박지명 옮김/4×6 변형판

요가의 고전적 안내서로 요가체조·호흡법·명상·식이요법 등에 대해 체계적으로 서술하였다.

성도인술(남성편) 만탁치아 저/권성희 옮김/신국판

이 책에서는 사정을 억제하여 남성의 성 에너지를 '생명 에너지'로 환원시키는 비법과 아울러 성 에너지 배양법이 소개된다.

성도인술(여성편) 만탁치아 저/권성희 옮김/신국판

낭비되고 있는 여성의 성 에너지(난자)를 '생명 에너지'로 또는 '정신 에너지'로 전환시키는 고도의 테크닉이 소개된다. 즉 소주천수련을 통한 성 에너지의 배양과 축적이 이 책의 핵심이며 요체이다.

눈이 점점 좋아지는 책 M.R 버렛 저/이의영 옮김/신국판

미국 및 일본에서 화제가 되고 있는 최신의 시력회복 테크닉으로 근시에서 녹내장에 이르기까지 완벽하게 치료하는 기적의 새로운 Eye Training법을 그림과 함께 소개한다.

선도 기공 시술법 김영현 저/신국판

기수련자는 기공 시술로 일반인은 지압과 마사지 · 교정법 등을 이용하여 가정에서 병의 증상에 따른 진찰과 치료를 할 수 있게 하는 책으로 사진과 그림이 이해를 돕는다.

하남 도교비전(소주천 수련에 의한)기 건강법

▶ 소주천 수련에 의한—

자가치유건강법

· 최근 10여 년 동안 중국의 많은 병원과 의과대학에서 공식적으로 '기공'을 암·고혈압·관절염 등 많은 난치병들의 치료법으로 채택했으며, 그 결과 좋은 성과를 거두었다. 이 책에서는 소주천 수련의 비전적 기법과 아울러 자신의 내부에 있는 자가치유 에너지를 증폭시키는 방법이 소개된다.

– 만탁 치아/이연화옮김

▶ 기공 마사지와 스트레스 풀기—

활력증강건강법

· 이 책은 비전도교기공의 포괄적 해설서이기도 하며 만탁 치아의 도교적 세계관이 극명하게 드러나 있다. '내면의 미소'와 '치유 육성', 그리고 소주천 순환 명상이 소개되며, 기공 마사지 전반에 관한 사항과 스트레스 풀기가 포함된다. 만탁 치아의 기공 세계에 좀더 가까이 접근할 수 있다.

– 만탁 치아/김경진·안홍균옮김

▶ 남성 性에너지 배양법—

성도인술(남)

· 도교적 관점에서 볼 때 남성은 구조적으로 여성에 비해 성능력이 열등하다. 남성의 성에너지는 나이가 들어 감에 따라 현저히 고갈되며, 현저히 쇠퇴하게 마련이다. 이 책에서는 사정을 억제하여 남성의 성에너지를 생명 에너지로 환원시키는 비법과 아울러 성에너지 배양법이 소개된다.

– 만탁 치아/권성희옮김

▶ 여성 性에너지 배양법—

성도인술(여)

· 여성은 일생 동안 300~500개의 난자를 생산하여 체외로 배출한다. 이 책에서는 이처럼 낭비되고 있는 여성 에너지를 '생명 에너지', 또는 '정신 에너지'로 전환시키는 고도의 테크닉이 소개된다. 즉 소주천 수련을 통한 성에너지의 배양과 축적이 이 책의 핵심이며 요체이다.

– 만탁 치아/권성희옮김

기공강좌

(박인현 : 중국 심양체육대학 교수)

· 이 책은 음양학설을 중심으로 기공(氣功)의 기초이론·기초 수련법과 중국도가 양생장수술을 직접 체험하여 그 효과를 느끼게 하였으며 기공에 입문하려는 초학자들을 대상으로 하여 쓰여졌지만 건강생활을 영위하고자 하는 사람이면 누구에게나 보탬이 될 수 있다는 것을 확신하는 바이다.

▶ 기(氣)와 함께 수련하는 건강의료체조 태극권!!

태극권 강좌

· 이것은 병든 자를 고치고, 겁장이를 겁이 없는 자로 만들며, 생활에 활력을 준다. 진실로 몸을 강하게 하고 수명을 연장시켜준다.
태극권은 동양의 철학과 의학을 호신술과 절묘하게 조화시킨 운동으로 기공권 또는 움직이는 선(禪)이라 하며 氣를 단전에 모아 부드럽고 고요하게 수련하는 것이 특징이다. (이찬 지음)

▶ 만성병에서 마음의 병까지 스스로 치료하는

氣의 건강법

(하야시마 마사오·최병련)

몸이 소생하는 氣의 비밀 현대병, 만성병을 고친다.
의욕을 발휘하고 집중력을 높인다.
열등감을 극복한다.
아름다운 몸을 만드는 비결 정력증강, 노화방지

알레르기성 비염을 치료하는 "코씻기"

일주일만에 위에 활력을 주는 "위자극 호흡법"

요통을 무리없이 치료하는 "좌우균형잡기"

단시간에 충분한 숙면을 얻는 "용의 수면법"

기의 흐름을 활발히 하는 "술목욕 건강법"

탈모를 멈추게 하는 "모발의 노화방지법"